특허받은
영어학습법

특허받은 영어학습법

초판 1쇄 발행 | 2006년 3월 15일
초판 18쇄 발행 | 2019년 1월 2일

지은이 이강석
발행인 이대식

편집 김화영 나은심 손성원 김자윤
마케팅 배성진 박상준 **관리** 홍필례
디자인 모리스

주소 서울시 종로구 평창길 329(우편번호 03003)
문의전화 02-394-1037(편집) 02-394-1047(마케팅)
팩스 0505-115-1037(02-394-1029)
홈페이지 www.saeumbook.co.kr
블로그 blog.naver.com/saeumpub
전자우편 saeum98@hanmail.net
페이스북 facebook.com/saeumbooks
인스타그램 instargram.com/saeumbooks

발행처 (주)새움출판사
출판등록 1998년 8월 28일(제10-1633호)

ⓒ이강석, 2006
ISBN 978-89-88537-77-0 93740

이 책은 저작권법에 따라 보호받는 저작물이므로 무단전재와 무단복제를 금지하며,
이 책 내용의 전부 또는 일부를 이용하려면 반드시 저작권자와 새움출판사의
서면동의를 받아야 합니다.

• 잘못된 책은 바꾸어 드립니다.
• 책값은 뒤표지에 있습니다.

특허받은 영어학습법

영어 고민을 통째로 날려버릴 최고의 발명품

이강석 지음

새움

특허받은 영어학습법 | **저자 서문**

　한국사회에서 '영어 공부'란 무엇인가에 대해 많은 사람들이 고민하고 있습니다. 사람들의 경제적 사정처럼 지금 영어 공부도 양극화가 가속되고 있는 게 현실입니다. 여유 있는 사람은 '유학'이니 '연수'니 해서 살아 있는 영어를 접하면서 영어에서 좀더 경쟁력 있는 자질을 갖출 기회를 많이 가집니다. 하지만, 경제적으로 동네 영어학원도 갈 형편이 못되거나 따로 공부할 시간을 못 낼 경우에는 결과적으로 직장에서의 직위나 소득이 영어 잘하는 사람에 비해 현저히 떨어지게 됩니다. 이제는 영어가 필요한 사람만 영어를 집중적으로 공부하라고 말하는 시대는 지난 것 같습니다. 영어 구사 능력이 한 사람의 장기적인 삶의 계획 중 가장 중요한 요인의 하나가 되는 상황에서, 영어 공부를 좀더 '효과적'이고 '과학적'으로 할 필요성이 절실하게 대두된다고 볼 수 있습니다.

　영어 공부의 '부익부빈익빈' 현상을 해결하기 위해서는 비용이 많이 들지 않는 방법이 필요합니다. 많은 비용을 들이지 않고도 영어 공부의 좋은 결과를 가져올 수 있다면 영어 공부의 영역에서도 소외된 사람들에게 큰 희망이 될 수 있을 거라고 생각합니다. 제가 특허를 청원하게 된 이유도 이러한 문제점에서 시작했습니다. 나이, 지위, 신분의 고하를 떠나 누구나 손쉽게 영어를 우리말처럼 편하게 받아들이게 할 수 있는 방법은 없을까? 고민했고 많은 시간 실험했습니다. 이 책은 그 결과물입니다. 특허 받은 영어 학습법인 '키워드 학습법'은 영어 공부의 본질을 아우르면서, 손쉽게 영어 공부의 재미와 자신감을 느낄 수 있도록 과학적으로 구성되어 있습니다.

　이제는 영어 공부의 '실사구시'가 필요한 때입니다. 영어 공부에 손

쉽고 재미있게 접근할 수 있는 방법을 통해 '기초'를 튼튼히 쌓은 후에, 영어 비디오나 영자 신문을 이용하여 스스로의 실력을 향상시킬 수 있는 방법이 연계되어야 많은 비용을 들이지 않고 최대의 효과를 기대할 수 있습니다. '키워드 학습법'은 영어 공부의 기초이자 새롭게 영어에 접근하는 계기가 될 것입니다. 이 방법을 통해 여러분의 영어실력이 획기적으로 향상되기를 바라는 마음 간절합니다.

인문학 출판을 고집하다 이 책을 출간하겠다는 어려운 결정을 해준 이대식 사장과 까다로운 원고를 깔끔하게 편집해준 최진규 씨에게 진심으로 감사드립니다. 끝으로 청천벽력 같은 사고를 당하고도 감내할 수 없는 고통을 잘 이겨낸 아들 인재에게 이 책을 바칩니다.

2006. 3.

특허받은 영어학습법 | 차례

01
특허받은 Keyword 학습법이란 무엇인가? ⋯⋯⋯⋯⋯⋯⋯⋯⋯⋯⋯⋯⋯ 8

02
이 책의 구성과 사용법 한눈에 보기 ⋯⋯⋯⋯⋯⋯⋯⋯⋯⋯⋯⋯⋯⋯ 52

03
The House of 100 Sentences ⋯⋯⋯⋯⋯⋯⋯⋯⋯⋯⋯⋯⋯⋯⋯⋯ 56

Part I / 57   Part II / 93   Part III / 127   Part IV / 161

04
Variation ⋯⋯⋯⋯⋯⋯⋯⋯⋯⋯⋯⋯⋯⋯⋯⋯⋯⋯⋯⋯⋯⋯⋯⋯⋯ 196

05
Check it out! 확인 들어갑니다 ⋯⋯⋯⋯⋯⋯⋯⋯⋯⋯⋯⋯⋯⋯⋯ 238

01

특허받은 Keyword 학습법이란 무엇인가?

특 허 증

특 허 제 0476760 호

출원번호 제 2002-0076509 호
출 원 일 2002년 12월 04일
등 록 일 2005년 03월 05일

발명의명칭   특정 키워드를 포함하는 영어 문장을 학습하는 장치 및 방법

특 허 권 자   이강석 (63****-*******)

발 명 자   이강석 (63****-*******)

위의 발명은 특허법에 의하여 특허등록원부에 등록
되었음을 증명합니다.

2005년 03월 05일

특 허 청 장

마침내
영어학습법이
특허를 획득했습니다!!

1. 영어 공부의 실사구시 선언!
영어학습법으로 특허를 획득한 (발명의 명칭: 특정 키워드를 포함하는 영어 문장을 학습하는 장치 및 방법) Keyword 학습법은 실전에 강한 진짜 영어를 습득하게 하는 '효과적' 이고 '과학적' 인 길잡이입니다.

2. 책 없이! 배운 데까지 다 알기!
Keyword 학습법에서는, 누구나 기본적으로 외우고 있는 '알파벳' 이 굳게 닫힌 영어의 문을 여는 열쇠입니다. 무거운 책을 들고 다니지 않아도, 가물가물한 기억력을 고문하지 않아도, 알파벳을 알면 영어와의 흥미진진한 놀이가 시작됩니다.

3. 영어 실력의 양극화를 해결하는 국민영어
늘상 영어를 접할 기회가 있는 '특권층' 과 너무나 멀었던 당신의 영어를 위한 가랑비! 이제는 Keyword 학습법을 통해 언제 어디서든 영어와 놀 수 있습니다. 영어에 고문당한 당신! 세상에서 가장 홀가분한 Keyword 학습법이 여러분의 강력한 지팡이가 되어 줄 것입니다.

가까이 하기엔 너무 멀었던 영어
뭐가 문제였을까?

　의사가 환자를 잘 치료하려면 환자 상태를 잘 진단해야 그에 맞는 처방이 나오게 마련입니다. 영어 공부의 문제점에 대해서는 많은 영어 전문가에 의해 다양하게 지적되어 왔습니다. 문법 위주의 공부, 기본 문법을 도외시한 회화 공부, 듣기 훈련이 안 되는 독해 위주의 공부 등등. 실제로 이런 경향들은 상당히 큰 문제점이라고 할 수 있는데, 많은 사람들이 이런 문제점들에 대해 나름대로의 처방을 제시해왔고, 그것이 곧 유일한 해결책이라고 강변하기도 했습니다. 또 한편으로는 그 모든 처방전보다 '영어에는 왕도가 없다'는 전통적인 생각에 공감하는 사람들도 많았습니다.

　필자 역시 영어를 오랫동안 가르쳐오면서 현장에서 느끼는 영어 공부의 문제점에 대해서 수없이 많이 생각해보았습니다. 많은 전문가들이 지적한 영어 공부의 문제점과 그들이 제시한 해결방법에 일정 정도 공감하면서도, 필자는 나름대로 그동안의 경험에 기초하여 다음 두 가지로 정리하기에 이르렀습니다.

　한국사회에서 영어 공부의 문제점은, "교재를 보지 않으면 입이 열리지 않는다는 것"과 "일상적으로 영어를 반복할 기회가 없다"는 것입니다.

　교재를 보면 다 이해되는 내용인데 말할 때는 잘 생각이 안 나는 것, 일상적으로 영어를 별로 쓰지 않기 때문에 공부한 내용도 점점 기억에서 멀어져 결국 두뇌에서 사라지게 된다는 것을 여러분도 분명히 체험한 적이 있을 겁니다. 영어에 관심이 많아서 하루에 대여섯 시간 이상 영어 공부를 한다든가 유학 또는 연수를 가거나 어학원에서 외국인과 계속 접촉할 기회가 있는 사람들은 위의 두 가지가 크게 문제가 되지 않습니다. 영어로 공부한 내용을 서투르지만 교재를 보지 않고 계속 말할 수 있는 기회가 있기 때문입니다. 그러나 대부분의 영어 학습자들은 그런 기회가 많지 않고, 설사 그런 기회가 있다고 하더라도 하루 종일 외국인과 같이 지내는 것이 아니기 때문에 일정

수준 이상 실력이 나아지지 않습니다.

반갑다 keyword 야!

Keyword 학습법은 2005년에 특허를 받은 방법입니다. 특허의 핵심은 학습한 영어 문장을 더 이상 책을 보지 않고 반복할 수 있다는 것과 학습한 내용 전체를 모두 다 숙지할 수 있다는 것입니다. 이를 기반으로 영어구사 능력을 짧은 시간에 획기적으로 향상시킬 수 있다는 것이지요.

Keyword 학습법은 영어 공부에서의 두 가지 문제, 즉 '영어는 안 보고 말해야 된다는 것' 과 일상적으로 '영어를 반복할 기회가 없다는 점'을 해결하는 방향으로 만들어졌습니다. 그래서 '안 보고 하자', '배운 데까지 전부 알자' 라는 케치프레이즈가 이 책의 핵심입니다.

무작정씨,
목표 달성을 위해 트레이너와 만나다

Keyword 학습법은 영어를 잘하기 위한 전제를 간단하게 다음 두 가지로 제시합니다.

공부한 내용을 안 보고 복습하는 "훈련"을 하자.
공부한 내용을 배운 데까지 다 알자는 "목표"를 정하자.

그런데, 공부한 내용을 안 보고 복습하고 배운 데까지 다 안다는 것이 과연 가능할까요? 거의 불가능한 것이 아니었나요? 그래서 특별한 학습법이 필요한 것입니다.

교재를 보지 않고 복습하라고요?

도대체 어떻게 배운 내용을 교재를 보지 않고 복습할 수 있다는 것인가? 교재를 보지 않고 복습하는 방법, 이 책이 제시하는 것은 바로 Keyword라는 장치입니다. 문장을 단순하게 무작위로 암기하는 것이 아니라 문장 속에 있는 단어를 핵심 단어로 정해서 그것을 기준으로 문장을 머릿속에 안 보고 저장시키자는 것입니다. 본문에서 소개될 키워드 문장 100개 중 10개를 가지고 구체적으로 설명하도록 하겠습니다.

10개 영어 문장, 그냥 외울 수 있나?

우선 다음 10개의 문장을 볼까요?

I'm ready to play the computer game.
나는 컴퓨터 게임할 준비가 되어 있다.

What kind of jeans do you like?
어떤 종류의 청바지를 좋아하니?

Don't forget to wash the dishes before you go out.
외출하기 전에 설거지하는 것 잊지 마.

I want you to show me the album.
나는 네가 앨범을 보여주었으면 좋겠다.

You must be a farmer.
당신은 농부가 틀림없군요.

I told you not to make the baby cry.
아기 울리지 말라고 말했지.

What happened to your hair?
너 머리 어떻게 된 거야?

Why don't you take the elevator?
엘리베이터 타고 가는 게 어때?

Do you mind if I borrow the chair?
그 의자를 빌려도 될까요?

You are not allowed to sled on the thin ice.
얇은 얼음 위에서 썰매 타면 안 돼요.

이 10개의 문장을 어떻게 외울 수 있을까요? 이 10개의 문장을 암기하도록 시간을 주고 나서 다시 써보라는 실험을 해보았습니다. 실험 결과를 보면 위에 있는 10개의 문장을 쓰는 방법으로 첫 번째는 생각나는 순서대로 쓰는 것이고, 두 번째는 원래 문장 순서를 기억해서 쓰는 것이었습니다. 그래도 10개를 제대로 다 쓰기는 쉽지 않습니다. 기존의 방법이란, 생각나는 대로 쓰거나 문장 순서대로 쓰는 것이 전부였습니다. 우리가 생활영어 문장이나 문법 문장을 많이 공부했어도 막상 안 보고 하려면 그 많은 문장들이 머릿속에서 맴돌기만 하고 실제 떠오르는 것은 몇 개뿐이었습니다. 이 문제가 도대체 해결이 되지 않았죠.

이 10개의 문장을 정확하게 하나도 빼지 않고 쓸 수 있는 방법은 각 문장의 키워드를 알파벳 순서대로 배열하여 암기하는 것입니다. 우선 각 문장의 키워드를 골라보겠습니다.

game __ I'm ready to play the computer game.
jean __ What kind of jeans do you like?
dish __ Don't forget to wash the dishes before you go out.
album __ I want you to show me the album.
farmer __ You must be a farmer.
baby __ I told you not to make the baby cry.
hair __ What happened to your hair?
elevator __ Why don't you take the elevator?
chair __ Do you mind if I borrow the chair?
ice __ You are not allowed to sled on the thin ice.

10개 문장의 앞에 키워드가 정해졌다는 것을 알 수 있습니다. 그런데 이 키워드들은 알파벳 순서로 되어 있지 않기 때문에 키워드를 다시 알파벳 순서대로 배열하면(문장도 같이 따라갑니다) 다음과 같은 10개의 문장을 키워드 순서대로 얻을 수 있습니다.

album __ I want you to show me the album.
baby __ I told you not to make the baby cry.
chair __ Do you mind if I borrow the chair?
dish __ Don't forget to wash the dishes before you go out.
elevator __ Why don't you take the elevator?
farmer __ You must be a farmer.
game __ I'm ready to play the computer game.
hair __ What happened to your hair?
ice __ You are not allowed to sled on the thin ice.
jean __ What kind of jeans do you like?

처음에 제시되었던 키워드가 없는 각각의 문장들은 서로 아무런 연관성이 없었습니다. 그렇기 때문에 보고 학습하는 것은 가능하지만, 배운 내용을 안 보고 복습하는 것은 원천적으로 불가능합니다. 하여 흔히 영어 문장을 복습할 때는 '책'이 있어야 하거나 '책상'에 앉아서 공부해야 했습니다. 여기서 키워드를 통해 학습해야 할 문장을 재배열하여 영어를 학습함으로써 기존의 공부 관행을 획기적으로 바꾸어 보자는 것이 키워드 학습법의 취지 중 하나입니다.

줄줄이 소시지처럼 따라나오는 영어!

키워드를 통해 문장을 연상하는 학습법엔 단순하고도 결정적인 장점들이 있습니다. 첫 번째로는 키워드를 통해서 문장의 내용을 유추할 수가 있게 됩니다. 예를 들어, 위에 있는 첫 문장 I want you to show me the album이라는 문장을 달달 외웠다가 이후 다시 떠올리는 것보다, album이라는 키워드와 문장을 연관지어 암기했다가 이후 album을 우선 떠올리고, 그런 다음 '친구 집에 가서 앨범을 보여 달라'는 내용으로 학습했던 본문의 부분을 연상하면, 완결된 영어 문장이 어렵지 않게 떠오릅니다. 이러한 방법을 이용하여 문장을 안 보고 복습하는 것이 가능하게 됩니다. 키워드가 있으므로 해서 좋은 두 번째 장점은 문장과 문장 사이를 연결할 수 있다는 것입니다. album으로 한 문장을 외웠으면, 다음 문장은 b로 시작하는 키워드라는 점을 통해 baby를 떠올리고, 키워드 문장 내용이 '엄마가 아기를 울리지 말라고 말한다'였다는 것을 유추하면, I told you not to make the baby cry를 생각해낼 수 있게 됩니다. 그 다음 문장의 키워드는 c로 시작할 것이고 키워드 chair를 통해서 '의자 빌리는 상황'을 떠올리고, Do you mind if I borrow the chair?를 생각해낼 수 있습니다. 이런 식으로 10번째 키워드인 jean을 통해서 마지막 문장인 What kind of jeans do you like?까지 차근차근 떠올릴 수 있는 것입니다.

같은 철자로 시작하는 키워드가 많을 때에는 두 번째, 세 번째 철자를 알파벳 순서대로 정리하여 학습합니다. 가령 본문에서 a로 시작하는 키워드 album, angel, apartment, arm은 두번째 철자인 l, n, p, r을 알파벳 순서대로 정리하여 album, angel, apartment, arm의 순서로 쉽게 외우도록 합니다. 이 키워드에 연결되는 문장은 역시 내용을 연상하면서 외울 수 있게 되는 것입니다.

정리를 해보면, 배운 문장을 안 보고 복습할 수 있는 방법은 각 문장의 키워드를 통해 문장의 내용을 유추하여 암기하는 것을 가능하게 하고, 그 양이 많아지더라도 키워드를 알파벳 순으로 배열함으로써 원하는 많은 문장을 모두 안 보고 암기할 수 있도록 돕는다는 것입니다. 굳게 닫힌 영어의 문을 여는 열쇠로 이 영어학습법이 제시하는 것은 다름 아니라 아주 기본적인 '알파벳'인 것입니다.

두둥~ 할 수 있다!
배운 데까지 다 알기!

　문장 속의 키워드를 통해 학습한 내용을 안 보고 복습하는 것이 가능하다는 것을 앞에서 설명했습니다. 안 보고 문장을 학습해본 적이 없기 때문에 키워드를 통해 문장을 암기하려는 '훈련'을 계속하는 것이 중요합니다. 줄넘기를 처음에는 10개도 못하던 사람이 계속 훈련하면 100개, 200개도 쉽게 할 수 있듯이 영어 공부도 효과적인 방법으로 꾸준히 훈련해야 합니다. 공부한 내용을 단순히 계속 수동적으로 익혀서는 전혀 훈련이 되지 않습니다.

　운동 선수들이 훈련을 할 때는 올림픽에서 금메달을 따겠다는 '목표'를 정해서 하듯이 영어 공부도 목표를 정해놓고 하는 것이 필요합니다. 영어 공부에서의 목표란 아주 간단합니다. 자신이 학습한 시점까지 익힌 내용을 한 개도 빠뜨리지 않고 다 알자는 것입니다. 역시 불가능해 보일지 모릅니다. 하지만 키워드 학습법을 통해서는 가능한 일입니다.

　키워드를 통한 문장 암기를 했다고 해서 항상 다 생각나는 것이 아닐 수 있습니다.

　예를 들어 키워드 학습법 교재를 통해 앞의 10개 문장을 학습하고, 다음날 걸어가면서 키워드를 알파벳 순으로 떠올리며 공부한 내용을 복습하다가 갑자기 h로 시작하는 키워드와 문장이 생각이 안 난다고 가정해봅시다. 그러면 이미 학습한 내용인데 떠오르지 않는 경우라서 그 내용이 무척 궁금해집니다. 일단 키워드라도 생각나면 대체로 문장도 생각나는데, 간혹 키워드마저 생각이 나지 않는 경우가 있습니다. 이와 같은 경우를 위해, "문장이 정 생각이 나지 않을 때만 교재를 보는 습관"을 들이면 배운 문장을 모두 머릿속에 암기하는 것이 가능합니다.

　정 생각이 나지 않아서 h로 시작하는 키워드가 hair라는 것을 다시 교재를 펼쳐서 알게 되고 문장도 What happened to your hair?였다는 것을 재차 확인하게 되면 전혀 생각이 안 났던 hair라는 키워드는 오히려 다음 번 반복할 때는 아주 인상적인 내용으로 각인됩니다. 이런 과정을 통해 잘 암기가 되지 않는 문장을 오히려 더 기억이 잘 나도록 만드는 것이 키워드 학습법의 특징이자, 동시에 이 과정을 통해서 배운 문장을 모두 완벽하게 암기할 수 있게 되는 것입니다. 본서에는 두꺼운 교재를 항상 가지고 다니는 것이 부담스러울 것을 감안하여 키워드 문장만 따로 휴대하여 볼 수 있는 부록이 마련되어 있습니다.

배운 데까지 문장을 다 알 수 있는 것이 키워드를 통해 가능하다는 설명을 했지만, 그렇다고 알아야 할 문장이 몇 백 개, 몇 천 개씩이라면 학습자는 부담이 너무 커서 쉽게 포기하게 됩니다. 따라서 이 책은 영어의 의사소통 과정에서 가장 많이 쓰이는 100개의 문장 패턴과 다음에 설명할 무수한 변형과 결합을 통해 "오히려 학습자가 수천, 수만의 문장을 스스로 상황에 맞게 만들어낼 수 있는 능력"을 만들어주고자 합니다. 경제의 원칙이 '최소의 비용으로 최대의 효과'를 얻는 것인 것처럼, 학습자가 최소의 문장으로 최대의 문장을 만들어낼 수 있는 능력을 가지는 것이 더 효과적임은 분명합니다. 하나의 책에 소개되어 있는 수천 개의 문장 중에서 정작 학습자가 안 보고 할 수 있는 문장이 몇 개 되지 않는다면 공부하는 과정에서 이해는 다 되었을지 모르지만 스스로 문장을 떠올리거나 만들 수 없음으로 인해 영어 공부에 좌절감을 느낄 수도 있습니다. 키워드 학습법은 학습자가 배운 키워드 문장을 모두 머릿속에 넣고 그것을 기반으로 다양한 문장을 만드는 것이 가능하도록 쉽고 과학적으로 구성되어 있습니다.

키워드 학습법에서는 기초의 개념을 달리 해석하고 있습니다. 기존의 영어 공부의 기초라는 개념은 기초가 되는 쉬운 내용을 철저히 익혀가자는 것이었지만, 기초가 되는 쉬운 내용도 시간이 지나면 생각이 나지 않는 문제점이 있기에, 키워드 학습법에서는 기초개념을 '배운 내용을 잊지 않는 훈련을 하는 것'으로 재정립하고자 합니다. 앞으로 설명하겠지만, 배운 내용을 잊지 않는 훈련을 통해 키워드 학습법의 기본 문장을 모두 알게 된다면 그것을 기반으로 수많은 문장을 손쉽게 만들 수 있는 능력을 갖출 수 있습니다. 그러므로 이것이야말로 영어 학습의 기초라고 감히 말하는 것입니다.

이것이 당근이다!

　키워드 학습법에서는 학습자의 학습 심리를 세 가지 단계로 나눕니다. 먼저 '재미'의 단계입니다. 기존의 재미라는 개념은 예를 들어 어학원에서 외국인 선생님과 재미있는 게임을 하거나 재미있게 구성되어 있는 교재를 보고 받는 느낌 같은 것으로 이해되었습니다. 물론 수업이나 교재가 재미있으면 학습 효과가 배가되는 것은 사실입니다. 그런데, 수업 시간에 재미있었던 내용이 막상 내가 혼자 하려면 잘 안 되고 점점 배우는 양이 많아짐에 따라 과거의 내용이 기억이 나지 않거나 복습할 엄두가 안 난다면 재미가 점점 반감될 수밖에 없습니다. 학습자의 외적인 환경이 재미있게 구성되어 있다고 하더라도 학습자 스스로의 두뇌를 능동적으로 작동하여 복습할 수 있는 과정이 빠지고 단순 복습만을 요구받는다면 몇몇 뛰어난 학생을 제외하고는 학습 효과를 지속적으로 기대할 수가 없습니다. 그럼 언제 학습자는 진정한 재미를 느낄까요? 제가 경험한 바로는 학습자가 배운 내용을 스스로 안 보고 떠올리고 말할 수 있게 될 때 진정 재미를 느낍니다. 따라서 영어 학습은 학습자가 안 보고 스스로의 힘으로 많은 내용을 떠올릴 수 있도록 구성되어 있어야 합니다.

　학습자의 두 번째 학습 심리는 '자신감'입니다. 학습자가 배운 문장을 안 보고 떠올리고 말할 수 있는 것이 많아졌다고 하더라도, 학습한 모든 문장을 다 알고 있는 것이 아니라면 아직 자신감을 느낄 단계는 아닙니다. 그런데 학습자가 배운 내용 중 생각이 안 나는 것을 집중 공략하여 점점 완벽하게 배운 시점까지 다 알게 된다면 그 때는 강한 '자신감'을 가지게 되는 것이 당연합니다.

　학습자가 이와 같이 배운 시점까지의 모든 문장을 안 보고 학습하는 '훈련'을 통해 다 할 수 있다는 '목표'를 스스로 달성하면, 앞으로 새로 배울 문장이나 방법에 대해 강한 욕심을 가지게 됩니다. 따라서, 학습자의 세 번째 심리 단계는 스스로 '욕심'을 가지게 된다는 것입니다. 배운 시점까지의 알고 있는 문장들을 통해 다양한 영어 표현이 가능하다는 사실을 깨닫게 되었을 때 학습자는 당연히 앞으로 배울 문장에 대해 다 알고 싶다는 생각과 더불어 다양한 문장을 만들고 싶은 강한 '욕심'이 스스로 생기게 됩니다.

여담으로, 영어 단어 habit은 '습관'이란 뜻인 것 아시죠? 배운 내용을 키워드를 통해 안 보고 복습하려는 습관을 몸에 배도록 노력하면 영어 실력은 꾸준히 향상될 겁니다. 여기서 습관이 몸에 배게 한다는 것을, 좋은 습관을 몸에 거주시키는 것이라고 바꿔 생각해보세요. '거주시키다'라는 단어는, habit이란 단어에다 '몸안'에 거주시킨다고 생각해서 in을 붙인 inhabit입니다. 그러면 실력이 향상(improve)되고 있다는 것을 스스로 증명(prove)할 수 있겠죠? improve 안에는 prove가 들어 있습니다. 정리하면,

"안 보고 복습하는 습관(habit)을 몸에 길들이면(ihhabit), 실력이 향상(improve)되고 있다는 것을 스스로 증명(prove)할 수 있다!"

반드시 기억하세요!

'고정구문' 뒤로 헤쳐모이는 다양한 영어 동무들

그럼 개별적인 키워드 문장들은 어떤 특징이 있기에 100개의 문장으로 다양한 표현이 가능한 것일까요?

우선 본문에 사용될 100개의 문장 중 다음 10개의 문장을 예로 들어 볼까요? 이 10개의 문장들은 앞으로 키워드 학습법의 장점을 설명할 때 예문으로 계속 사용될 것입니다. 각각의 키워드가 알파벳 순서대로 배열되어 있으니 우선 안 보고 암기하는 연습을 해보세요.

album — **I want you to** show me the album.
나는 네가 앨범을 보여주었으면 좋겠다.

gloves — **I don't want to** take off my gloves because it is too cold.
날씨가 너무 추워서 장갑을 벗고 싶지 않다.

juice __	Let me pour the juice.	
	내가 그 주스를 따를게.	
key __	I know where the key is.	
	나는 그 열쇠가 어디 있는지 알아.	
office __	I will take you to the office on my way home.	
	집에 가는 길에 내가 너를 사무실에 데려다줄게.	
pencil __	This is the pencil I want to buy.	
	이것은 내가 사고 싶은 연필이야.	
queen __	I know how elegant the queen is.	
	나는 그 여왕이 얼마나 우아한지 알고 있어.	
rabbit __	This is the place where I will catch rabbits.	
	이곳이 내가 토끼를 잡을 곳이야.	
teeth __	When did you brush your teeth?	
	너 언제 이 닦았니?	
wall __	I saw you lean against the wall and have a conversation with someone.	
	나는 네가 벽에 기대서 누군가와 대화하는 것을 봤어.	

각각의 10개 문장은 간단하지만 그 자체로 특징적인 구문입니다.

우선 album의 문장인 I want you to show me the album을 보면 I want you to가 고정된 것입니다. 키워드 gloves의 문장인 I don't want to take off my gloves because it is too cold도 I don't want to가 항상 똑같이 쓰입니다. 마지막 wall의 키워드 문장인 I saw you lean against the wall and have a conversation with someone은 I saw you가 항상 똑같습니다. 키워드 문장들은 이렇게 한 부분이 고정되어 있습니다.

위의 키워드 문장들처럼 앞부분을 고정시키면 좋은 점이 아주 많습니다.

우선 어순 문제가 쉽게 해결됩니다. 영어는 우리말과 달리 동사가 먼저 나오기 때문에 영어를 배웠어도 매번 처음부터 주어, 동사를 따져가면서 말해야 하는데, 앞부분을 똑같이 하면 어순 걱정 하지 않고 뒤에 들어갈 표현만 생각하면 됩니다.

예를 들어 키워드 album의 문장인 I want you to show me the album은 I want you to가 항상 같아서 '나는 네가 ~했으면 좋겠다' 라는 표현은 모두 이 문장의 앞부분을 활용하면 됩니다.

① 나는 네가 창문을 열었으면 좋겠다.
➡ I want you to open the window.

② 나는 네가 선풍기를 켰으면 좋겠다.
➡ I want you to turn on the fan.

③ 나는 네가 그 반지를 꼈으면 좋겠다.
➡ I want you to wear the ring.

위에서 보는 바와 같이 '나는 네가 ~했으면 좋겠다' 는 I want you to 로 일단 시작하고 상대에게 말하고자 하는 내용인 open the window, turn on the fan, wear the ring만 채워 넣으면 말하고자 하는 의도를 쉽게 상대에게 전달할 수 있습니다.

영어는 어순상 동사가 먼저 나올 뿐만 아니라 명사도 먼저 나오기 때문에 영어 공부가 어렵게 느껴지는 것입니다. 이 문제도 역시 앞부분을 동일하게 만들어서 표현 연습을 많이 하면 쉽게 해결됩니다.

예를 들어 위에 제시한 10개의 문장 중 키워드 rabbit의 문장은 This is the place where I will이 항상 같아서 '여기가 내가 ~할 곳이야' 라는 표현은 모두 이 문장의 앞부분을 활용하면 됩니다.

① 여기가 내가 그녀와 결혼할 곳이야.
➡ This is the place where I will marry her.

② 여기가 내가 그 선생님을 만날 곳이야.
➡ **This is the place where I will** meet the teacher.

③ 여기가 오늘 밤 내가 머무를 곳이야.
➡ **This is the place where I will** stay for the night.

이처럼 '여기가 내가 ~할 곳이야'라는 표현은 This is the place where I will로 일단 시작한 후, 상대에게 말하고자 하는 내용인 marry her, meet the teacher, stay for the night를 그 다음에 채워 넣으면 상대방에게 말하고자 하는 의도를 전달할 수 있습니다. 역시 매번 주어, 동사를 따져가며 말할 필요없이, 키워드의 앞부분을 숙지하고 상황에 따라 뒷부분을 바꿔 표현해주면 됩니다.

키워드 학습법의 문장들은 실제 자주 쓰는 표현 중 앞부분이 똑같은 부분을 우선순위로 골랐기 때문에 그 부분을 활용한 문장들은 실생활에서의 활용도가 아주 높습니다.

또, 앞부분이 고정된 키워드 문장들은 듣기에 아주 용이합니다. 자주 쓰이는 표현 100개의 앞부분이 훈련되어 있으면 영어 문장을 들을 때 고정된 앞부분이 지난 다음 부분부터 들어도 문장 전체의 의미를 파악할 수 있게 되는 것입니다. 특히 일상생활의 표현이 많이 나오는 영화를 볼 때 그것은 여실히 확인됩니다.

예를 들어, 〈007골든 아이 007 Golden Eye〉에 보면 한 여자를 태우고 낭떠러지 해안도로를 달리던 제임스 본드가 자신의 차를 추월하는 미모의 여성이 모는 차를 위태롭게 쫓아가는 인상적인 장면이 나옵니다. 이때 옆자리에 탄 겁에 질린 여자가 제임스 본드에게 이렇게 말합니다.

I want you to stop this car.
나는 당신이 이 차를 세웠으면 좋겠어요.

이 문장을 영화에서 들을 때, I want you to가 한 단어처럼 숙지되어 있으면 뒷부분의 표현인 stop this car만 들어도 전체의 의미를 쉽게 파악할 수 있다는 것입니다.

단어, 이렇게 공부하면 잊어버리기가 더 힘들다구!

키워드의 문장들은 앞부분을 고정시켰다는 것을 앞에서 설명했습니다. 앞부분이 같다는 것은 "영어의 어순을 극복할 수 있고, 상황에 맞춰 다양하게 표현할 수 있고, 듣기에 도움이 된다는 것" 이외에, 단어 훈련에도 많은 도움이 됩니다. 영어 단어는 동사, 명사, 형용사가 대부분을 차지하고 있으므로 앞부분이 똑같은 키워드 문장에 이들을 대입하면서 다양한 단어 훈련을 할 수 있습니다.

우선 쉬운 단어 즉, '알고 있는 단어'로 자신만의 문장을 만들 수 있습니다. album의 키워드 문장인 I want you to show me the album을 활용하여 새로운 문장을 만들어 볼까요.

I want you to read it.
나는 네가 그것을 읽었으면 좋겠다.

I want you to be a doctor.
나는 네가 의사가 되었으면 좋겠다.

I want you to be rich.
나는 네가 부자가 되었으면 좋겠다.

위의 예문에서 보는 바와 같이 I want you to가 같기 때문에 그 뒤에 이미 알고 있는 동사 read, 명사 doctor, 형용사 rich 각 한 단어씩만 가지고도 실제 생활에서 쓸 수 있는 문장을 만들어낼 수 있습니다. 이와 같이 스스로 학습하다 알게 된 단어를 그냥 단어의 우리말 뜻만 무작정 외우기보다는 키워드 문장 속에 숙지한 단어를 넣어 문장을 만들어 활용하면 단어의 뜻도 분명히 기억나고, 실생활에서 쓸 수 있는 문장도 스스로 만들어내는 일석이조의 효과를 거둘 수 있습니다. 이것은 앞부분이 똑같은 키워드 문장이기에 가능한 일입니다.

이번에는 '알고 싶은 단어'로 문장을 만드는 방법을 설명하겠습니다. 영어를 공부하다 보면 수없이 많은 단어를 알고 있어야 함을 절실히 느끼게 될 것입니다. 하나 하나의 단어를 그냥 막연히 공부하기보다는 스스로 한 단어를 집어넣어서 문장을 완성해 본다면 그 단어는 당연히 머릿속에 오래 남을 것입니다.

영어 단어는 문장 속에서 익혀라, 영영사전을 활용하여 영어 단어를 익혀라는 등의 영어 어휘 학습법에 대한 전문가들의 의견이 많지만, 현실적으로 그 방법을 실천하는 학생은 그다지 많지 않습니다. 그리고 그 방법 역시 수동적으로 새로운 단어와 접하는 것이므로 별수없이 여러 번의 반복에 의존할 수밖에 없습니다. 그런데 키워드 문장을 공부하다 연상된 알고 '싶은' 단어를 한영사전, 전자사전, 인터넷 검색엔진의 사전을 이용하여 찾아내서 문장을 완성시킨다면, 그 단어는 스스로 능동적으로 접하는 단어가 되어 기억에 오래 남을 수밖에 없습니다. 자, 그럼 알고 싶은 단어로 문장을 만들어 보는 방법을 살펴볼까요. I want you to show me the album 문장을 다시 활용해 보죠.

I want you to 참가하다 in the game.
I want you to be a 학자.
I want you to be 겸손한.

위의 세 문장은 한글로 쓴 부분인 참가하다(동사), 학자(명사), 겸손한(형용사)만 알면 문장으로 완성시킬 수 있습니다. 참가하다, 학자, 겸손한을 인터넷 검색엔진의 사전에서 찾아보면 participate, scholar, humble을 얻게 됩니다. 이 단어들을 위에 있는 문장의 한글 부분에 넣으면 다음과 같이 문장이 완성됩니다.

I want you to participate in the game.
I want you to be a scholar.
I want you to be humble.

키워드 학습법은 이러한 방식으로 단어 실력을 향상시킬 수 있도록 구성되어 있습니다. 알고 있는 '한 단어'와 알고 싶은 '한 단어'만 이용하여 모든 키워드 문장에 적용하며 문장을 스스로 만들어내는 훈련은 단어 공부도 되고 문장 공부도 되는 장점이 있습니다. 학습자가 스스로 만들어낸 문장은 본서에 첨부된 부록에 기록해 놓고, 나중엔 문장을 안 보고 단어만 보고도 반복할 수 있도록 훈련해야 합니다. 그래야 외국인이 당장 앞에 있지 않더라도 마치 앞에 있는 것과 같은 말하기 훈련이 되는 것입니다. 본서에서는 본문에 단어를 제시하고 책 뒷부분에 그에 따른 가능한 문장들을 정리하여 여러분이 스스로 만든 문장을 점검해 볼 수 있도록 하였습니다.

알고 싶어서 찾게 된 단어 participate, scholar. humble을 다른 키워드 문장에서 활용해 볼까요.

● 동사 participate를 다른 키워드 문장에 활용한 경우

I don't want to participate in the game. 〈gloves 키워드 문장〉
나는 그 경기에 참가하고 싶지 않다.

Let me participate in the game. 〈juice 키워드 문장〉
내가 그 경기에 참가하게 해주세요.

This is the place where I will
participate in the game tomorrow. 〈rabbit 키워드문장〉
여기가 내가 내일 그 경기에 참가할 곳이다.

● 명사 scholar를 다른 키워드 문장에 활용한 경우

I don't want to be a scholar. 〈gloves 키워드 문장〉
나는 학자가 되고 싶지 않다.

This is the scholar I want to meet. 〈pencil 키워드 문장〉
이 분은 내가 만나고 싶은 학자다.

I know how famous the scholar is. 〈queen 키워드 문장〉
나는 그 학자가 얼마나 유명한지 알고 있다.

● 형용사 humble을 다른 키워드 문장에 활용한 경우.

I don't want to meet him because he is not humble.
나는 그가 겸손하지 않아서 만나고 싶지 않다. 〈gloves 키워드 문장〉

I know how humble the man is. 〈queen 키워드 문장〉
나는 그 남자가 겸손하다는 것을 알고 있다.

I know where the humble man is. 〈key 키워드 문장〉
나는 그 겸손한 남자가 어디 있는지 안다.

　　이와 같이 이미 알고 있는 단어는 자꾸 문장을 만들어 활용하는 과정을 통해 확실하게 자신의 것으로 만들고, 알고 싶은 단어는 독해책이나 정리된 단어장을 통해 수동적으로 접하는 것이 아니라 그 단어를 여러 번 다른 문장에 활용해보는 능동적인 훈련을 통해 기억에 오래 남도록 할 수 있다는 것을 알 수 있을 것입니다.

당신이 무심코 되뇐 키워드 문장 그 안엔 비밀이 있다!

　　앞부분이 똑같은 키워드 문장에 '한 단어'만 추가함으로써 실생활에서 쓸 수 있는 문장을 연습하고 동시에 단어 훈련도 가능하다는 것을 앞에서 설명했습니다. 영어 단어는 문장 속에서 훈련하는 것이 가장 좋은 방법입니다.
　　그런데, 영어 단어만 많이 알고 있다고 영어의 다양한 표현을 할 수 있는 것은 아닙니다. 예를 들어 '코를 풀다'라는 표현을 영어로 하라고 하면 잘 못합니다. blow와 nose라는 단어를 알고 있는데도 말입니다. '코를 풀다'의 영어 표현은 'blow one's nose' 입니다. 그러면 '나는 네가 코를 풀었으면 좋겠다'는 어떻게 쓸 수 있을까요. album의 키워드 문장 중 I want you to를 활용하면 되겠죠.

I want you to blow your nose.
나는 네가 코를 풀었으면 좋겠다.

이와 같이 단어만 알고 있어선 해결할 수 없는 영어 표현이 많습니다. "전화 받으세요"는 "receive the phone"이 아니라 "answer the phone" 이며, "눈 좀 붙이다"는 "attach the eyes"가 아니라 "get some sleep" 이며, "운전대를 잡다"는 "hold the handle"이 아니라 "take the wheel" 입니다. 이와 같은 표현들은 설사 열심히 공부했다고 하더라도 일상적으로 쓸 기회가 없기 때문에, 이런 표현이 아무리 잘 정리되어 있는 책을 통해 반복하더라도 시간이 지나면 전혀 기억이 나지 않습니다.

키워드 문장들을 통한다면 이런 문제도 쉽게 해결됩니다. 앞서 말한 대로 키워드 문장은 앞부분이 같기 때문에 학습자들은 실제 쓸 수 있는 상황만 설정하면 됩니다. 그럼 키워드 문장과 앞에서 예로 든 영어 표현인 "answer the phone", "get some sleep", "take the wheel"을 결합해서 표현해 볼까요.

I want you to answer the phone. 〈album 키워드 문장〉
나는 네가 전화를 받았으면 좋겠다.

I don't want to answer the phone. 〈gloves 키워드 문장〉
나는 전화를 받고 싶지 않다.

I want you to get some sleep because you look tired.
피곤하게 보이니 나는 네가 눈 좀 붙였으면 좋겠다. 〈album 키워드 문장〉

This is the place where I will get some sleep.
여기가 내가 눈 좀 붙일 곳이다. 〈rabbit 키워드 문장〉

Let me take the wheel. ⟨juice 키워드 문장⟩
내가 운전대 잡게 해주세요.

I saw you take the wheel even though you were drunk.
나는 네가 술에 취했는데도 운전대를 잡는 것을 봤다. ⟨**wall** 키워드 문장⟩

하나의 표현으로 다양한 키워드 문장에 연결하여 실제 생활에서 쓸 수 있는 표현을 만들어 냄으로써 배운 표현이 몸에 배도록 하는 훈련이 가능한 것입니다.

표현을 활용하는 법에 대해서는 충분히 이해되었는데, 그럼 그 많은 영어 표현들은 어떻게 공부하느냐는 어려운 문제가 남습니다. 그러나 우리가 익히 알고 있는 '알파벳'을 활용한 키워드 학습법은 이것을 해결할 방법을 제시하고 있습니다.

키워드 문장들은 '나는 네가 ~했으면 좋겠다'(I want you to ~), '내가 ~하지 말라고 말했지'(I told you not to ~), '제가 ~해도 될까요?' (Do you mind if I ~) 등 우리가 일상적으로 가장 많이 쓰는 표현들에서 앞부분을 고정시켜 만든 것임을 이제 충분히 이해했을 겁니다. 이 앞부분이 같은 표현 뒤에, 위에서 세 개의 표현을 붙인 것처럼 영어 표현을 다양하게 연결하되, 그 순서를 역시 알파벳 순서대로 배열하여 훈련하면 탁월한 효과가 나타납니다.

album의 키워드 문장인 I want you to ~로 예를 들어 보겠습니다.

I want you to ~는 '나는 네가 ~했으면 좋겠다' 라는 표현이니까 이런 표현에 적절하게 연결될 수 있는 표현을 다음과 같이 알파벳 순서대로 연결합니다.

I want you to accept my suggestion.
나는 네가 내 제안을 받아들였으면 좋겠다.

I want you to believe in religion.
나는 네가 종교를 믿었으면 좋겠다.

I want you to celebrate our 10th wedding anniversary.
나는 너희들이 우리 결혼 10주년을 축하해주었으면 좋겠다.

I want you to decorate the office.
나는 네가 사무실을 장식했으면 좋겠다.

I want you to explain to me what that means.
나는 그것이 무슨 뜻인지 나에게 설명해주었으면 좋겠다.

I want you to fasten your seat belt.
나는 네가 좌석벨트를 맸으면 좋겠다.

I want you to grab the rope.
나는 네가 로프를 꽉 잡았으면 좋겠다.

I want you to hide in the cave.
나는 네가 동굴에 숨었으면 좋겠다.

I want you to join the army.
나는 네가 군대에 갔으면 좋겠다.

I want you to keep your promise.
나는 네가 약속을 지켰으면 좋겠다.

I want you to leave your message on the answering machine.
나는 네가 자동응답기에 전할 말을 남겼으면 좋겠다.

I want you to wish me luck.
나는 네가 내 행운을 빌어주었으면 좋겠다.

위의 예문에서 보는 바와 같이 I want you to와 그에 적절히 결합되는 표현을 연결하였습니다. 그 표현들은 accept my suggestion, believe in religion, celebrate our 10th wedding anniversary,… wish me luck처럼 각 동사의 첫 글자가 알파벳 순서대로 배열되어 있습니다.

또한 '제안 suggestion'과 '받아들이다 accept'는 서로 연관이 있어서 accept my suggestion이라는 표현이 된 것이고, '종교 religion'는 '믿다 believe'와 관계가 있으므로 believe in religion이라는 표현이 된 것이고, '결혼기념일 wedding anniversary'와 '축하하다 celebrate'가

관계가 있으므로 'celebrate our 10th wedding anniversary'라는 표현이 된 것입니다. 서로 연관이 있는 단어를 연결하여 표현을 만들면 단어와 표현을 동시에 훈련할 수 있으며 이렇게 얻어진 표현을 키워드 문장과 결합하면 무궁무진한 표현이 가능해집니다.

이와 같은 방법으로 하나의 키워드에 연결되는 다양한 표현을 알파벳 순서대로 머릿속에 모두 저장시키면, 언제나 다른 키워드 문장에 적절하게 다시 결합시켜 쓸 수 있게 됩니다.

예를 들어 I want you to accept my suggestion이라는 문장에 있는 accept one's suggestion이라는 표현을 가지고 다른 키워드 문장에 적용해볼까요.

I don't want to accept your suggestion. ⟨gloves 키워드 문장⟩
나는 너의 제안을 받아들이고 싶지 않다.

Let me accept his suggestion. ⟨juice 키워드 문장⟩
내가 그의 제안을 받아들이게 해주세요.

This is the suggestion **I want to** accept. ⟨pencil 키워드 문장⟩
이것은 내가 받아들이고 싶은 제안이다.

I saw you accept her suggestion. ⟨wall 키워드 문장⟩
나는 네가 그녀의 제안을 받아들이는 것을 봤다.

어때요, accept one's suggestion이라는 표현으로 다양한 표현이 가능하죠? 키워드 문장들의 앞부분을 고정시킴으로써, 어려울 수 있는 문장을 이렇게 쉽게 생활에서 사용이 가능한 문장으로 만들 수 있는 것입니다. 이렇게 쉽게 문장을 만들 수 있어야 영어 공부에 대한 재미를 붙이고 만들어낸 문장이 정확히 맞다는 확신을 가지기 때문에 자꾸 자신감이 생기는 것입니다. album의 키워드 문장 앞부분인 I want you to의 뒤에 알파벳 순서대로 표현을 연결시키는 것처럼, 키워드 100개 문장의 앞부분과 그에 적합한 영어 표현을 중복되지 않게 연결시키면 자주 쓰는 영어 표현을 효과적으로

익힐 수 있습니다. 물론 '안 보고, 배운 데까지!'

본문에서는 각각의 키워드 문장에 연결되는 표현 3개씩을 알파벳 순서대로 제시하고 학습자가 훈련할 수 있도록 했습니다.

예를 들어 gloves의 키워드 문장 중 앞부분이 똑같은 I don't want to를 이용하여 다음의 3개의 문장을 알파벳 순서대로 배열하였습니다. 여기에 선정된 표현들은 '틀리기 쉬운 표현'과 '서로 연관되는 단어로 결합한 표현'이라는 것을 다시 한 번 상기시켜 드립니다.

I don't want to get bald.
나는 대머리가 되고 싶지 않다.

I don't want to judge a man by his appearance.
나는 외모로 사람을 판단하고 싶지 않다.

I don't want to release the suspect.
나는 그 용의자를 석방하고 싶지 않다.

I don't want to 뒤에 사용된 get bald, judge a man by his appearance, release the suspect의 첫 동사가 g, j, r 과 같이 알파벳 순서대로 배열되어 있습니다. 이것을 활용하여 위의 세 문장을 안 보고 암기할 수 있고, 이렇게 배운 세 개의 표현을 다른 키워드 문장에 연결하여 실생활에서 쓸 수 있는 풍부한 문장들을 쉽게 만들어낼 수 있는 것입니다.

하하 ~ 키워드 문장 맛있게 요리된다!

키워드 문장들은 그 자체로 다른 문장으로 변형이 가능합니다.

album의 키워드 문장은 I want you to show me the album이었습니다. 이 문장은 I want you to가 항상 고정되어 있다는 것을 앞서 설명했습니다. '나는 네가 ~했으면 좋겠다'는 뜻이죠. 그러면 '나는 네가 ~하지 않았으면 좋겠다' 는 어떻게 표현하면 될까요? don't를 붙이면 되겠죠? I don't want you to ~가 됩니다. 그래서, '넌 내가 ~했으면 좋겠니?'라고 묻고 싶으면 Do you want me to ~ 로 시작하면 됩니다.

　키워드 기본문장은 이처럼 부정문, 의문문으로 변형이 가능합니다. 그러면 앞에서 배운 표현들과 변형된 문장을 활용해서 새로운 문장을 만들어 볼까요?

　I don't want you to answer the phone.
　나는 네가 전화를 받지 않았으면 좋겠다.

　I don't want you to take the wheel.
　나는 네가 운전대를 잡지 않았으면 좋겠다.

　Do you want me to accept his suggestion?
　넌 내가 그의 제안을 받아들였으면 좋겠니?

　Do you want me to believe in religion?
　넌 내가 종교를 믿었으면 좋겠니?

　I want you to show me the album 문장 중 I want you to를 활용하여 I don't want you to ~와 Do you want me to ~의 변형 구문을 쉽게 얻을 수 있다는 것을 알 수 있습니다.

　gloves의 키워드 문장도 앞부분이 똑같은 I don't want to를 활용하여 I want to ~, Do you want to ~라는 변형 구문을 얻을 수 있습니다.

　I want to go home.
　나는 집에 가고 싶다.

　I want to take a rest.
　나는 쉬고 싶다.

　Do you want to go for a drive?
　드라이브하고 싶니?

Do you want to take a walk after dinner?
저녁식사 후에 산책하고 싶니?

이와 같이 키워드 문장들은 평서문, 부정문, 의문문으로 변형하는 것이 손쉽고, 그 변형된 문장들도 모두 앞부분이 동일하므로 역시 다른 키워드 문장의 표현들과 결합되며 새로운 문장으로 만들어집니다.

키워드 문장들은 시제, 인칭, 단어의 변형을 통하여 쉽게 다른 문장으로 변형이 가능합니다.

첫째, '시제'를 바꿔 문장을 변형해 볼까요.

I want to get off my gloves '나는 장갑을 벗고 싶다'를,
I wanted to get off my gloves로 바꿔 말하면 '나는 장갑을 벗고 싶었다'가 됩니다. 현재 시제인 want를 wanted로만 바꾸었습니다. 아주 쉬운 내용이죠?

rabbit의 키워드 문장으로 하나만 더 확인할까요.
This is the place where I will catch rabbits는 '여기가 내가 토끼를 잡을 곳이야'라는 표현이었습니다. 그럼 '여기가 내가 그 목걸이를 산 곳이야'라고 하려면 This is the place where I bought the necklace 라고 하면 됩니다. will catch라는 미래 시제가 bought the necklace라는 과거 시제로 바꾸었습니다. 그래도 This is the place where I는 동일하다는 것을 알 수 있습니다.

두 번째, '인칭'을 바꿔 문장을 변형해볼까요?

I want you to show me the album '나는 네가 나에게 앨범을 보여주었으면 좋겠다'에서 주어 I를 She로, 목적어 you를 me로 바꾸면,
She wants me to show her the album '그녀는 내가 그녀에게 앨

범을 보여주기를 원한다' 라는 표현이 되지요.

또, office의 키워드 문장인 I will take you to the office on my way home의 인칭을 변형해보면 He will take them to the office on his way home, '그가 집에 가는 길에 그들을 사무실에 데려다줘거야' 가 되겠죠? 주어 I가 He로, 목적어 you가 them으로 인칭이 바뀌었다는 것을 알 수 있을 겁니다.

이처럼 키워드 문장이 머릿속에 저장되어 있으면 인칭을 변형하여 다른 문장으로 쉽게 표현이 가능합니다. 역시 아주 쉬운 내용이죠? 그런데 정확히 말하면, 이러한 훈련이란 아주 쉬운 기본원리를 어렵게 익혀온 학습자에게 무엇보다 필수적인 훈련입니다.

세 번째, 단어를 바꿔 문장을 변형해볼까요?

'내 아내는 그 선생님이 아들에게 영어를 가르쳐 주기를 원한다' 라는 문장을 만들고 싶다면 album의 키워드 문장 I want you to show me the album에서 단어만 변형시켜 표현하면 된다는 것을 알 수 있겠죠.
I는 My wife로, you는 the teacher라는 단어로 바꾸기만 하면
My wife wants the teacher to teach our son English로 간단히 해결되겠죠.

또, '그 소년은 여자 친구가 무대에서 춤추는 것을 봤다' 라는 표현이 필요하면 wall의 키워드 문장 I saw you lean against the wall and have a conversation with someone(나는 네가 벽에 기대서 누군가와 대화하는 것을 봤어)를 활용하면 되겠죠. 단어만 바꿔서 The boy saw his girlfriend dance on the stage라는 표현을 쉽게 얻을 수 있는데 I는 The boy로, you는 his girlfriend로 단어만 바뀌었다는 것을 알 수 있습니다.

정리하면, 키워드 문장은 평서문, 부정문, 의문문으로도 변형이 용이하

고, 시제, 인칭, 단어를 바꿔 새로운 문장으로 변형할 수 있습니다.

본서에서는 변형 구문과 그에 다른 실제 상황 문장들을 찾아보기 편리하도록 키워드의 ABC 순으로 정리하여 '변형 구문' 장에 실었습니다. 스스로 문장을 만드는 훈련을 할 땐 항상 이 장을 꼭 참고하세요!

말없이 사귄다! "키워드 문장 표현결합"

키워드가 알파벳 순서대로 배열된 10개의 문장을 다시 한 번 볼까요.

album — I want you to show me the album.
나는 네가 앨범을 보여주었으면 좋겠다.

gloves — I don't want to take off my gloves because it is too cold.
날씨가 너무 추워서 장갑을 벗고 싶지 않다.

juice — Let me pour the juice.
내가 그 주스를 따를게.

key — I know where the key is.
나는 그 열쇠가 어디 있는지 알아.

office — I will take you to the office on my way home.
집에 가는 길에 내가 너를 사무실에 데려다줄게.

pencil — This is the pencil I want to buy.
이것은 내가 사고 싶은 연필이야.

queen — I know how elegant the queen is.
나는 그 여왕이 얼마나 우아한지 알고 있어.

rabbit — This is the place where I will catch rabbits.
이곳이 내가 토끼를 잡을 곳이야.

teeth — When did you brush your teeth?
너 언제 이 닦았니?

wall — **I saw you** lean against the wall
and have a conversation with someone.
나는 네가 벽에 기대서 누군가와 대화하는 것을 봤어.

키워드 문장들은 고정된 앞부분과 그 외의 뒷부분으로 나눌 수 있습니다. '키워드 문장 표현결합'이란 각각의 키워드 문장 앞부분과 다른 키워드 문장의 뒷부분을 결합하여 새로운 문장을 만들어내는 것입니다. 100개의 키워드 문장들은 이러한 결합이 가능하도록 만들어져 있습니다. 학습자가 달달달 문법을 외우지 않아도 저절로 실생활에서의 쓰임과 문법에 맞는 영어 표현을 만들어내고 훈련할 수 있도록 한 것입니다. 구체적으로 살펴볼까요.

1. "나는 네가 장갑을 벗었으면 좋겠다."

이 문장을 학습자가 스스로 만들어야 하는 상황이라면 어떨까요? 간단한가요? 간단한 문장이긴 하나, 기본기가 훈련되어 있지 않다면 어려움을 느낄 것입니다. 그러나 만약 키워드 문장 10개가 머릿속에 있다면 이런 새로운 문장은 별로 어렵지 않게 해결될 것입니다. 다음과 같이 됩니다.

I want you to take off your gloves. (album + gloves)

이것은 바로 키워드 album의 앞부분과 gloves 문장의 뒷부분이 합쳐져 만들어졌다는 것을 보여주는 것입니다. 이러한 결합은, 안 보고 쉽게 쓸 수 있을 뿐만 아니라 물론 말로도 할 수 있습니다.

그럼, 키워드 문장을 통해 학습자가 스스로 만든 위와 같은 문장을 또 어떻게 활용할 수 있을까요?

'나는 네가 모자를 벗었으면 좋겠다'
➡ **I want you to** take off your hat.

'나는 네가 신발을 벗었으면 좋겠다'
➔ **I want you to** take off your shoes.

'나는 네가 양말을 벗었으면 좋겠다'
➔ **I want you to** take off your socks.

이처럼 'I want you to take off your ~'라는 새로운 패턴이 만들어졌다는 것을 알 수 있습니다. 즉 '나는 네가 ~했으면 좋겠다'라는 틀은 항상 I want you to로 시작하고, 상대방이 뭔가를 벗었으면 좋겠다는 말을 하고 싶으면 'I want you to take off your ~'로 시작하면 된다는 걸 확인했습니다. 역시 어순 걱정하지 않고 생활 속에서 쉽게 쓸 수 있는 표현들이죠.

이것을 통해 '의복'과 관련된 영어 단어를 학습자 스스로 다양하게 훈련할 수도 있습니다. blouse, coat, dress, jacket, pants, shirt, vest… 무슨 순서대로? 알파벳 순서대로!

또, I want you to의 변형으로도 결합할 수 있다는 것, 잊으면 안 되겠죠.

I don't want you to take off your gloves.
나는 네가 장갑을 벗지 않았으면 좋겠다.

그러면 또 변형문장을 통해, I don't want you to take off your ~라는 새로운 표현이 만들어졌다는 것을 알 수 있습니다. 이 문장 또한 다양하게 활용해볼까요.

I don't want you to take off your coat.
나는 네가 코트를 벗지 않았으면 좋겠다.

I don't want you to take off your jacket.
나는 네가 상의를 벗지 않았으면 좋겠다.

I don't want you to take off your vest.
나는 네가 조끼를 벗지 않았으면 좋겠다.

어때요. 키워드 문장의 기본형과 변형을 통해서 생활 속에서 쓰이는 표현들을 무수히 만들 수 있다는 걸 알 수 있죠.

영어 공부는 '쉽고, 과학적'이어야 합니다. 즉, 따라하기가 쉽고, 학습방법의 구성이 수준 향상을 과학적으로 안내해야 학습자가 '재미'와 '자신감'을 가지게 됩니다.

2. 나는 너를 사무실에 데려다주고 싶지 않다.

초보자가 기초 학습서 공부를 다 마쳤다고 해도 이 문장을 영어로 표현하는 것이 쉽지 않을 겁니다. 왜냐하면 학습내용을 이해만 했지 학습자가 스스로 상황을 설정해 말해볼 수 있는 공간이 없었기 때문입니다. 그러나 앞에서 예를 든 10개의 키워드 문장이 머릿속에 들어 있다면 역시 이야기는 달라집니다. 영어로 표현하면 이렇게 되겠죠.

I don't want to take you to the office.

이 문장은 학습자가 직접 암기한 문장이 아님에도, gloves의 앞부분과 office의 뒷부분을 결합한 문장임을 한눈에 알아볼 수 있습니다. 이러한 유추만으로도 큰 학습효과가 있습니다. 여기서 멈추지 말고 훈련을 계속해야 겠지요?

문장을 살펴보면, I don't want to take you to the ~라는 새로운 패턴이 만들어진 것 또한 알 수 있습니다.

이렇게 만들어진 새로운 패턴으로 다시 다양한 문장들을 만들어볼까요.

I don't want to take you to the embassy.
나는 너를 대사관에 데려다주고 싶지 않다.

I don't want to take you to the factory.
나는 너를 그 공장에 데려다주고 싶지 않다.

I don't want to take you to the laboratory.
나는 너를 실험실에 데려다주고 싶지 않다.

이렇게 I don't want to take you to the ~ 다음에 장소에 관련된 단어를 알파벳 순서대로 써보는 연습을 하면 단어 훈련과 문장 훈련을 동시에 할 수 있다는 것도 알 수 있을 겁니다.

I don't want to의 변형문장인 I want to ~나 Do you want to ~로도 다른 키워드 문장과 결합할 수 있다는 것은 앞에서 설명했으니 쉽게 이해가 되지요?

I want to take you to the office.
나는 너를 사무실에 데려다주고 싶다.

이 문장을 통해서 다시 I want to take you to the ~라는 새로운 패턴이 만들어졌습니다. 이 틀을 이용해서 장소에 관련된 단어를 훈련하며 새로운 문장을 만들어낼 수 있습니다.

I want to take you to the amusement park.
나는 너를 놀이 공원에 데려다주고 싶다.

I want to take you to the dormitory.
나는 너를 기숙사에 데려다주고 싶다.

I want to take you to the headquarters.
나는 너를 본부에 데려다주고 싶다.

새로 생긴 패턴의 문장에서 시제, 인칭, 단어를 변형하면 다시금 다양한 문장을 만들어낼 수 있다는 것! 잊지 마세요!

3. 나는 네가 그에게 앨범을 보여주는 것을 봤다.

이제 앞의 예문들에 익숙해졌다면, 여러분도 쉽게 위의 문장을 영어로 옮길 수 있을 겁니다.

I saw you show him the album.

키워드 wall의 앞부분과 album의 뒷부분 중 me만 him으로 바꿔 결합한 문장입니다. 다시 이 문장을 통해 새로운 패턴인 I saw you show him the ~가 만들어졌습니다. 이 패턴 다음에 우리의 일상생활에서 자주 쓰이는 사물들(automobile, blender, cage, dictionary…)을 알파벳 순서대로 채워 넣으면 역시 새로운 문장도 만들고 단어 공부도 되겠죠. 또한, 가능하면 '알고 싶은 단어'를 찾아서 그 자리에 대입한다면 그 단어는 정말 오랫동안 머릿속에 남아 있게 되겠죠?
새로운 문장 패턴으로 다른 문장을 만들어 볼까요.

I saw you show him the diploma.
나는 네가 그에게 졸업장을 보여주는 걸 봤다.

I saw you show him the passport.
나는 네가 그에게 여권을 보여주는 걸 봤다.

I saw you show him the receipt.
나는 네가 그에게 영수증을 보여주는 걸 봤다.

세 개의 우리말 문장을 영어로 옮기는 과정을 통해서 키워드 문장이 어떻게 결합되고, 결합된 문장에서 다시 앞부분이 고정된 새로운 패턴이 어떻게 만들어지는지를 충분히 이해했을 겁니다.
그럼 표현결합된 문장 몇 가지를 예로 들어 볼까요. 이외에도 수많은 문장을 만들 수 있겠지요.

1. **I want you to** pour the juice. (album + juice)
   나는 네가 주스를 따랐으면 좋겠다.

2. **Let me** show him the album. (juice + album)
   내가 그에게 앨범을 보여주게 해주세요.

3. **I want you to** buy me the pencil I want to have.
   (album + pencil)
   나는 내가 갖고 싶은 그 연필을 네가 나에게 사주었으면 좋겠다.

4. **I want you to** know how elegant the queen is.
   (album + queen)
   나는 네가 그 여왕이 얼마나 우아한지 알았으면 좋겠다.

5. **I want you to** tell me the place where I will stay.
   (album + rabbit)
   내가 머물 곳을 네가 나에게 말해줬으면 좋겠다.

6. **I want you to** brush your teeth. (album + teeth)
   나는 네가 이를 닦았으면 좋겠다.

7. **I don't want you to** lean against the wall. (album + wall)
   나는 네가 벽에 기대지 않았으면 좋겠다.

8. **I don't want to** show him the album. (gloves + album)
   나는 그에게 앨범을 보여주고 싶지 않다.

9. **I don't want to** pour the juice. (gloves + juice)
   나는 그 주스를 따르고 싶지 않다.

10. **I want to** know where the key is. (gloves + key)
    나는 그 열쇠가 어디 있는지 알고 싶다.

11. **I want to** know how elegant the queen is. (gloves + queen)
    나는 그 여왕이 얼마나 우아한지 알고 싶다.

12. **I want to** brush my teeth. (gloves + teeth)
    나는 이를 닦고 싶다.

13. **I want to** lean against the wall. (gloves + wall)
    나는 벽에 기대고 싶다.

14. Let me take off my gloves. (juice + gloves)
    제가 장갑을 벗게 해주세요.

15. Let me brush my teeth. (juice + teeth)
    제가 이를 닦게 해주세요.

16. This is the place where I will show him the album.
    (rabbit + album)
    여기가 내가 그에게 앨범을 보여줄 곳이다.

17. This is the place where I will brush my teeth.
    (rabbit + teeth)
    여기가 내가 이를 닦을 곳이다.

18. When did you show him the album? (teeth + album)
    너는 언제 그에게 앨범을 보여준 거야?

19. When did you take off your gloves? (teeth + gloves)
    너는 언제 장갑을 벗었니?

20. When did you take him to the office? (teeth + office)
    너는 언제 그를 사무실에 데려다주었니?

　　10개의 키워드 문장으로 만들어낼 수 있는 새로운 문장의 수는 셀 수 없을 정도입니다. 그러므로 학습자가 100개 문장을 안 보고 머릿속에 다 저장할 수 있다면 실생활에서 쓸 수 있는 문장을 말하고 쓰는 데 전혀 지장을 느끼지 않는 수준이 되리라는 것을 알 수 있습니다. 게다가 '표현 결합'과 더불어 다음에 설명할 '구조 결합' 이라는 방법을 익히면 복잡한 영어 문장을 좀더 쉽게 만들 수 있는 능력이 생깁니다. 수능시험과 토익, 토플 및 각종 영어시험에서도 확실한 자신감을 갖게 될 것입니다.

엄청 긴데 다 알겠다!
"키워드 문장 구조결합"

앞에서 설명한 키워드 문장들의 표현결합은 말 그대로 키워드 문장의 앞부분과 뒷부분의 표현을 결합하여 새로운 표현을 만드는 방법이었습니다. 지금부터는 키워드 문장들의 고유한 구조를 서로 결합하여 복잡한 문장을 쉽게 만드는 방법에 대하여 설명하겠습니다. 역시 앞에서 사용한 10개의 키워드 문장을 다시 한 번 활용하겠습니다.

album ― I want you to show me the album.
나는 네가 앨범을 보여주었으면 좋겠다.

gloves ― I don't want to take off my gloves because it is too cold.
날씨가 너무 추워서 장갑을 벗고 싶지 않다.

juice ― Let me pour the juice.
내가 그 주스를 따를게.

key ― I know where the key is.
나는 그 열쇠가 어디 있는지 알아.

office ― I will take you to the office on my way home.
집에 가는 길에 내가 너를 사무실에 데려다줄게.

pencil ― This is the pencil I want to buy.
이것은 내가 사고 싶은 연필이야.

queen ― I know how elegant the queen is.
나는 그 여왕이 얼마나 우아한지 알고 있어.

rabbit ― This is the place where I will catch rabbits.
이곳이 내가 토끼를 잡을 곳이야.

teeth ― When did you brush your teeth?
너 언제 이 닦았니?

wall — **I saw you** lean against the wall
and have a conversation with someone.
나는 네가 벽에 기대서 누군가와 대화하는 것을 봤어.

1. 나는 네가 그 열쇠가 어디에 있는지 나에게 말해줬으면 좋겠다.

자, 이 문장을 영어로 옮기려면 쉽지 않을 겁니다. 그렇지만 키워드 문장들만 머릿속에 있으면 쉽게 해결됩니다. 우선 이 문장을 영어로 옮겨볼까요.

I want you to tell me **where the key is.** (album + key)

키워드 문장을 학습한 후 이 문장을 본다면, album의 앞부분인 I want you to와 key의 문장 중 where the key is의 구조를 활용하고 앞에 'tell me'만을 붙여서 만든 문장이라는 것이 눈에 들어올 것입니다.

이렇게 만들어진 문장을 가지고, 다음과 같은 문장을 쉽게 만들 수 있습니다.

I want you to tell me **where the criminal is.**
나는 네가 그 범인이 어디에 있는지 말해줬으면 좋겠다.

I want you to tell me **where the orphanage is.**
나는 네가 그 고아원이 어디에 있는지 말해줬으면 좋겠다.

I want you to tell me **where the treasure is.**
나는 네가 그 보물이 어디에 있는지 말해줬으면 좋겠다.

album과 key의 키워드 문장의 주요 구조를 결합하여 새로운 문장을 만들어 보았습니다. 그런 다음, 새로 만든 문장에서 key 대신에 criminal(범인), orphanage(고아원), treasure(보물)이라는 새로운 단어를 넣어 다시 문장을 만들어 보았습니다. 여기서도 단어들이 알파벳 순서대로 되어 있죠. '알파벳 순서대로 단어를 첨가' 하여 문장을 만드는 건 나중에 안 보고도 만든 문장들을 복습해 보기 위해서입니다.

문장을 만들면서 사람, 장소, 사물을 나타내는 주요 단어들을 이렇게 훈련할 수 있다면 역시, 새로운 구조의 문장도 만들면서 단어 훈련도 되는 일석이조의 효과를 얻을 수 있습니다. 한 번에 두 개를 얻는다는 뜻의 재미있는 우리말 표현 많잖아요. '도랑 치고 가재 잡고', '마당 쓸고 돈 줍고', '님도 보고 뽕도 따고'… 어때요, 영어 공부, 이렇게 하나의 훈련으로 많은 것을 얻을 수 있다면 이보다 더 좋을 수는 없겠죠?

이 문장(I want you to tell me where the key is)은 I want you to의 변형 구문인 I don't want you to로도 활용할 수 있다는 것을 다시 상기해 보죠. 문장을 만들 때, 기본 문장과 변형 문장을 항상 같이 활용해 본다는 생각을 해야 합니다.

> **I don't want you to** tell him **where the assassin is.**
> 나는 네가 그 암살자가 어디에 있는지 그에게 말하지 않았으면 좋겠다.
>
> **I don't want you to** tell him **where the cave is.**
> 나는 네가 그 동굴이 어디에 있는지 그에게 말하지 않았으면 좋겠다.
>
> **I don't want you to** tell him **where the wallet is.**
> 나는 네가 그 지갑이 어디에 있는지 그에게 말하지 않았으면 좋겠다.

역시 key 대신에 사람, 장소, 사물을 나타내는 assassin(암살자), cave(동굴), wallet(지갑)이라는 단어를 사용하여 새로운 문장을 만들었다는 것을 알 수 있을 겁니다.

2. 나는 그 여왕이 얼마나 우아한지 나에게 설명했으면 좋겠다.

이 문장을 영어로 옮길 때 어떤 키워드 문장을 가지고 결합해야 할지 빨리 떠올려야 합니다. 그러면 영어로 옮겨 볼까요.

I want you to explain to me **how elegant the queen is.**
(album + queen)

이 문장은 album의 앞부분과 queen의 주요 구조인 how elegant the queen is가 합쳐진 형태입니다.

이 문장을 통해 역시 많은 새로운 표현을 얻을 수 있겠죠.

I want you to explain to me
how brilliant the mathematician is.
나는 그 수학자가 얼마나 똑똑한지 나에게 설명해 주었으면 좋겠다.

I want you to explain to me **how dangerous the scheme is.**
나는 네가 계획이 얼마나 위험한 것인지 나에게 설명했으면 좋겠다.

I want you to explain to me **how serious the situation is.**
나는 네가 그 상황이 얼마나 심각한지 나에게 설명했으면 좋겠다.

album과 queen의 구조가 결합된 새로운 문장 I want you to explain to me how elegant the queen is로 새로운 문장을 만들면서 형용사 brilliant(똑똑한), dangerous(위험한), serious(심각한)와 명사 mathematician(수학자), scheme(계획), situation(상황)를 훈련할 수 있었습니다. 이 문장은 형용사가 먼저 나오기 때문에 형용사를 알파벳 순서대로 배치했습니다.

3. 나는 오늘 밤 네가 묵을 호텔에 데려다주고 싶다.

이 문장 역시 영어 기본기가 없다면 작문이 쉽지 않은 문장입니다. 그러나 키워드 문장에 익숙해져 있다면 쉽게 영어 문장이 떠오르게 됩니다. 우선 이것을 영어로 옮겨 볼까요.

I want to take you to
the hotel where you will sleep tonight.
(gloves + office + rabbit)

이 문장은 gloves의 변형 문장 I want to와 office의 문장 중 office를 hotel로 바꾸었고, rabbit의 문장 중 the place where I will catch가 the hotel where you will sleep으로 바뀌어 결합되었다는 것을 알 수 있을 겁니다. 이번에는 키워드 문장이 세 개나 결합되어 있습니다. 이렇게 키워드 문장은 여러 개의 결합이 가능하도록 만들어져 있으므로 결합 훈련을 통하면 복잡한 구조의 영어 문장도 쉽게 말하고 쓸 수 있는 능력이 생깁니다.

세 개의 키워드 문장 구조로 만들어진 새로운 문장으로 다른 문장들을 만들어 볼까요.

I want to take you to the factory
where you will work from tomorrow on.
나는 네가 내일부터 일하게 될 공장에 너를 데려다주고 싶다.

I want to take you to the room
where you will investigate the suspect.
나는 네가 그 용의자를 조사할 방에 너를 데려다주고 싶다.

I want to take you to the stadium
where you will watch the game.
나는 네가 그 경기를 볼 경기장에 데려다주고 싶다.

I want to의 기본 문장인 I don't want to를 이용해서 문장을 만들어 볼까요.

I don't want to take you to the house
where you will live.
나는 네가 살게 될 그 집에 너를 데려다주고 싶지 않다.

I don't want to take you to the island
where you will meet him.
나는 네가 그를 만날 그 섬에 너를 데려다주고 싶지 않다.

I don't want to take you to the tomb
where your father will be buried.
나는 너의 아버지가 묻힐 그 무덤에 너를 데려다주고 싶지 않다.

이와 같이 '표현결합'과는 달리 '구조결합'이란 각 키워드 문장의 주요한 구조를 서로 결합하여 복잡한 문장을 만들어내는 것을 말합니다.

키워드 기본 문장과 변형 문장으로 만들어낼 수 있는 다양한 구조결합 문장을 더 볼까요.

1. I want you to tell me the apartment where he will live.
   (album + rabbit)
   나는 그가 살 아파트를 네가 나에게 말해 줬으면 좋겠다.

2. I don't want you to buy me the same book he bought.
   (album + pencil)
   나는 그가 산 것과 똑같은 책을 네가 나에게 사주지 않았으면 좋겠다.

3. When did you tell him the company where she works?
   (teeth + rabbit)
   그녀가 일하는 회사를 언제 그에게 말한 거야?

4. I saw you show him the bracelet you bought yesterday.
   (wall + album + pencil)
   나는 네가 어제 산 그 팔찌를 그에게 보여주는 것을 봤어.

5. This is the book I bought at the bookstore
   where my friend works. (pencil + rose)
   이것은 내 친구가 일하는 서점에서 산 책이다.

6. I saw you tell him
   how expensive the portrait was. (wall + queen)
   나는 네가 그 초상화가 얼마나 비싼 것인지 그에게 말하는 것을 봤다.

7. I don't want to see you dance on the stage.
   (gloves + wall)
   나는 네가 무대에서 춤추는 것을 보고 싶지 않다.

8. I want you to see my daughter swim in the pool.
   (album + wall)
   나는 내 딸이 수영하는 것을 네가 봤으면 좋겠다.

9. When did you show him the dictionary
   you bought yesterday? (teeth + album + pencil)
   네가 어제 산 그 사전을 언제 그에게 보여준 거야?

10. This is the restaurant where I will eat dinner
    with the lawyer he recommended. (rabbit + pencil)
    여기가 그가 추천해준 변호사와 저녁 식사를 할 식당이다.

11. Let me see you play the piano. (juice + wall)
    네가 피아노 치는 것을 보게 해줘.

12. When did you let him go home? (teeth + juice)
    그를 언제 집에 가게 했어?

13. I want you to let him solve the problem for himself.
    (album + juice)
    나는 그가 혼자 힘으로 그 문제를 해결하도록 네가 그냥 놔두었으면 좋겠다.

14. I will take you to the apartment you want to purchase.
    (office + pencil)
    네가 구입하고 싶어하는 그 아파트에 내가 너를 데려다줄게.

49

15. **When did you** see him steal the money? (teeth + wall)
    그가 돈을 훔치는 걸 너는 언제 봤니?

16. **I want** the man you met yesterday to marry you.
    (album + pencil)
    나는 네가 어제 만난 그 남자가 너와 결혼했으면 좋겠다.

17. **I saw you** take her to the house where she lives.
    (wall + office + rabbit)
    나는 그녀가 사는 집에 네가 그녀를 데려다주는 것을 봤다.

18. **Let me** tell you where the supreme court is. (juice + key)
    네게 대법원이 어디에 있는지 말해 줄게.

19. **I want to** tell you where the map is

    and how important it is. (album + key + queen)
    나는 그 지도가 어디에 있는지 그리고 그것이 얼마나 중요한 것인지
    네게 말해주고 싶다.

20. **When did you** take the princess to the castle

    where I want her to live?

    (teeth + office + rabbit + album)
    그 공주가 살았으면 좋겠다고 생각한 그 성에 언제
    너는 그녀를 데려다준 거야?

위에 예를 든 20개 이외에도 수도 없이 많은 '구조결합' 문장을 여러 개의 키워드 문장의 구조를 결합하여 만들어낼 수 있습니다. 실제 생활에서 쓸 수 있는 문장만으로 말입니다. 여기에서 우리는 문법적인 사항을 특별히 설명하지 않고도 영어가 가능하다는 것을 깨닫게 됩니다. 언제나 '말'을 먼저 배우고 그 다음에 체계적인 문법을 배우는 것이 모든 모국어를 배우는 순서였을 것입니다. 우리말도 무의식적으로 여러 문장의 틀을 서로 결합해서 쓰는 것처럼 영어의 경우에도 자주 쓰는 유형들을 머릿속에 알파벳 순으로 암기한 후, 상황에 맞춰 다양한 결합을 이끌어내면 처음부터 문법적인 사항 때문에 골치 아플 필요없이 영어를 배울 수 있는 것입니다. 이것이 바로 키워드 학습법이 추구하는 방법입니다.

한마디로 정리하면, 키워드 학습법은 간단하고도 과학적인 원리를 도입해 학습자가 능동적으로 영어 공부에 참여하게 함으로써 어느 방법보다 빠르고 효과적으로 영어라는 언어를 습득할 수 있도록 돕는 학습법 입니다. 키워드 기본 문장 100개를 키워드 학습법을 통해 머릿속에 넣게 되면 흥미로운 다양한 표현들을 말로 혹은 글로 해낼 수 있게 됩니다. 이제 책을 통해 특허받은 영어학습법의 놀라운 세계를 자신의 것으로 만드시길 기원합니다.

학생들 수업 첫 시간에 항상 다음 두 개의 영어 속담을 소개합니다.

Slow and steady wins the race.
천천히 꾸준히 하면 결국 경주에서 이긴다.

Practice makes perfect.
연습만이 완벽하게 만들어 준다.

지루하고 단순하게 반복하는 것이 아니라, 쉽고, 즐겁고, 재미있게 반복하는 과정에서 자신감을 가지길 바랍니다.

자, 이제 나들이 가듯
가벼운 마음으로 본문으로 들어갑시다.

02

이 책의 구성과 사용법 한눈에 보기

고정 구문
아래에 등장할 키워드 문장에서 변하지 않고 고정되어 있을 부분입니다. / 영화 대사 제시문과 실제 상황 문장에서도 이 부분은 항상 고정되어 있습니다.

키워드
키워드 문장의 내용을 유추할 수 있도록 도와주는 '핵심 단어'입니다. / 키워드 문장의 단어 중 한 단어를 추출한 것이며 매 장마다 단어 첫 글자의 알파벳 순서대로 제시됩니다.

영화 대사
우리가 잘 아는 영화들에서 뽑은, 위의 구문이 사용된 대사들입니다. / 이러한 장면들을 연상하면서 구문의 활용법에 서서히 익숙해질 수 있습니다.

실제 상황
일상생활에서 위의 구문을 사용해 쓸 수 있는 표현들을 제시해줍니다. / 실제 상황의 문장들은, 모두 고정 구문 이후에 나오는 단어가 알파벳 순서로 정리되어 있으니 이를 이용해 반드시 '안 보고 공부하는' 훈련을 하셔야 합니다.

Album want you to

첫 번째 키워드는 **album**, 고정 구문은 **I want you to ~**입니다.
어느 날 친구 집에 놀러갔는데, 책장에 꽂혀 있는 친구의 초등학교 졸업 앨범이 눈에 띈 겁니다. 한번 보고 싶겠죠?

I want you to show me the album.
난 네가 나에게 앨범을 보여줬으면 좋겠다.

I want you to ~ 구문은 영어에서 가장 많이 쓰이는 구문이라 해도 과언이 아닙니다. 귀를 기울여 보면, 영화에서도 엄청 많이 나오는 걸 확인할 수 있는데, 영화 〈이티 ET〉에서는 아이가 이티의 손을 잡고서 설지시하느라고 등을 돌린 엄마에게 이렇게 말하는 장면이 아주 인상적이었죠.

I want you to meet somebody.
난 당신이 누군가를 만나봤으면 좋겠어요.

〈노트북 The Notebook〉에서, 가난한 노아를 사랑하는 앨리를 못마땅해하는 그녀의 엄마가 앨리에게 그러죠.

I want you to know that I love your father.
난 네가 내 아버지를 사랑한다는 것을 알아주었으면 좋겠다.

상대방에게 원하는 것을 말할 때
I want you to를 먼저 쓰고 그 후에 원하는 내용을 넣으면 됩니다.

실제상황

① 난 네가 방을 청소했으면 좋겠다.
   I want you to clean your room.
② 난 네가 최선을 다했으면 좋겠다.
   I want you to do your best.
③ 난 네가 창밖을 봤으면 좋겠다.
   I want you to look out the window.

Check it out
알고 있는 단어로
동사 help
명사 teacher
형용사 happy
알고 싶은 단어로
동사 persuade
명사 sculptor
형용사 enthusi…

58

I told you not to ~ **Baby**

이번 키워드는 **baby**, 고정 구문은 **I told you not to ~** 입니다.
엄마가 언니에게 어린 동생을 잠깐 맡기고 돌아와 보니 아기가 울고 있습니다.
이때 엄마가 화가 나니까 아이에게 한마디 할 수 있겠죠?

> **I told you not to make the baby cry.**
> 내가 아기 울리지 말라고 말했지.

브루스 윌리스가 주연했던 〈다이하드3 Die Hard3〉을 보면 열지 말라고 했던 서류가방을 여는 장면에서 이런 대사가 나옵니다.

> **I told you not to open it.**
> 내가 열어보지 말라고 말했지.

〈스파이키드 Spy Kids〉의 초반부에서는, 두 자매가 훈련을 받는 중에 다음과 같은 대화를 나누죠.

> **I told you not to look down.**
> 내가 밑을 보지 말라고 말했지.

'~하지 말라고 말했지'의 영어 표현은 **I told you not to ~** 입니다.

상황
① 내가 나무에 올라가지 말라고 말했지.
I told you not to climb the tree.
② 내가 저기 가지 말라고 말했지.
I told you not to go there.
③ 내가 동생 때리지 말라고 말했지.
I told you not to hit your bother.

Check it out
알고 있는 단어로
동사 **hit**
명사 **marry**
형용사 **late**
알고 싶은 단어로
동사 **betray**
명사 **ignore**
형용사 **rude**

키워드 문장

이것이 키워드 문장입니다. / 키워드 단어를 통해 이것을 유추하고 암기하는 훈련을 하다보면 어느새 100개 키워드 문장을 자연스럽게 구사하는 것은 물론 변형과 결합을 통해 자유자재로 활용까지 하고 있는 자신의 모습을 발견할 수 있을 것입니다.

Check it out

고정 구문 사이에 주로 동사, 명사, 형용사를 각각 대입해보면서 단어를 공부합니다. / 여기서는 핸드북을 펴서 제시된 단어와 예문들을 정리해 놓은 다음, 그 아래에 스스로 단어와 예문을 떠올려 적어 넣습니다. 키워드 구문을 응용해서 만든 예문들로 단어 공부를 하기 때문에, 단어 공부와 문장 공부가 동시에 이루어집니다.

변형

키워드 문장의 구문을 어떻게 변형할 수 있는지 보여줍니다. / 변형을 통해 새로운 구문을 얻은 후, 다시 실제 상황 문장을 통해 머릿속에 정리하는 것입니다. 이 장의 제시문들은 찾아보기 쉽도록 ABC 순으로 정리되어 있습니다. 변형 문장들로도 표현결합과 구조결합을 연습해 보는 것 잊지 마세요.

Keyword 리스닝

짜투리 시간에 책 없이 방송을 듣는 것만으로 키워드 100 문장을 암기할 수 있도록 돕는 리스닝 도구입니다. 이 리스닝 파트는 단지 청취력 향상을 위한 것만이 아니라 키워드 100 문장을 쉽게 암기할 수 있도록 돕는 기능을 지니고 있습니다. 또한 스피킹, 즉 영어로 말하는 훈련도 함께 하도록 되어 있습니다. / 키워드 단어가 들린 후 약 5초간의 공백이 있습니다. 여러분은 그 공백 동안 키워드 단어에 상응하는 키워드 문장을 되뇌어 봅니다. 키워드 문장을 잘 외우고 있는지 스스로 점검해보는 것입니다. 5초가 지난 후엔 키워드 문장이 들릴 것입니다. 이때, 머릿속에 정리된 키워드 문장을 원어민의 발음과 비교하며 스피킹합니다. 키워드 문장을 암기하면서 듣는 훈련과 말하는 훈련을 병행하는 것입니다. 발음은 마이클과 애나(EBS '귀가 트이는 영어'의 진행자)가 들려줍니다.

03
The House of 100 Sentences

Part I

Album | I want you to ~

첫 번째 키워드는 **album**, 고정 구문은 **I want you to ~**입니다.
어느 날 친구 집에 놀러갔는데, 책장에 꽂혀 있는 친구의 초등학교 졸업 앨범이 눈에 띈 겁니다. 한번 보고 싶겠죠?

> **I want you to show me the album.**
> 난 네가 나에게 앨범을 보여줬으면 좋겠다.

I want you to ~ 구문은 영어에서 가장 많이 쓰이는 구문이라 해도 과언이 아닙니다. 귀를 기울여 보면, 영화에서도 엄청 많이 나오는 걸 확인할 수 있는데, 영화 〈이티 E.T〉에서는 아이가 이티의 손을 잡고서 설거지하느라고 등을 돌린 엄마에게 이렇게 말하는 장면이 아주 인상적이었죠.

> **I want you to meet somebody.**
> 난 당신이 누군가를 만나봤으면 좋겠어요.

〈노트북 The Notebook〉에서, 가난한 노아를 사랑하는 앨리를 못마땅해하는 그녀의 엄마가 앨리에게 그러죠.

> **I want you to know that I love your father.**
> 난 내가 네 아버지를 사랑한다는 것을 알아주었으면 좋겠다.

상대방에게 원하는 것을 말할 때
I want you to를 먼저 쓰고 그 후에 원하는 내용을 넣으면 됩니다.

실제상황

① 나는 네가 방을 청소했으면 좋겠다.
  I want you to clean your room.
② 나는 네가 최선을 다했으면 좋겠다.
  I want you to do your best.
③ 난 네가 창밖을 봤으면 좋겠다.
  I want you to look out the window.

Check it out
알고 있는 단어로
동사 help
명사 teacher
형용사 happy
알고 싶은 단어로
동사 persuade
명사 sculptor
형용사 enthusiastic

I told you not to ~ Baby

이번 키워드는 **baby**, 고정 구문은 **I told you not to ~**입니다.
엄마가 언니에게 어린 동생을 잠깐 맡기고 나갔다가 돌아와 보니 아기가 울고 있습니다. 이때 엄마가 화가 나서 아이에게 한마디 했어요.

> **I told you not to make the baby cry.**
> 내가 아기 울리지 말라고 말했지.

브루스 윌리스가 주연했던 〈다이하드 3 Die Hard 3〉를 보면 열지 말라고 했던 서류 가방을 여는 장면에서 이런 대사가 나옵니다.

> **I told you not to open it.**
> 내가 열어보지 말라고 말했지.

〈스파이키드 Spy Kids〉의 초반부에서는, 두 자매가 훈련을 받는 중에 다음과 같은 대화를 나누죠.

> **I told you not to look down.**
> 내가 밑을 보지 말라고 말했지.

'~하지 말라고 말했지'의 영어 표현은 **I told you not to ~**입니다.

실제상황

① 내가 나무에 올라가지 말라고 말했지.
   I told you not to climb the tree.
② 내가 거기 가지 말라고 말했지.
   I told you not to go there.
③ 내가 그걸 거기에 놓지 말라고 말했지.
   I told you not to put it there.

Check it out
알고 있는 단어로
동사 hit
명사 idiot
형용사 late
알고 싶은 단어로
동사 betray
명사 editorial
형용사 rude

Chair Do you mind if I ~

이번 키워드는 **chair**, 고정 구문은 **Do you mind if I ~**입니다.
친구들과 식당에 갔는데 의자가 하나 모자랄 때가 있었을 겁니다. 그 때 옆 테이블에 있는 사람에게 의자를 빌려도 되겠냐고 물어볼 수 있겠죠?

> **Do you mind if I borrow the chair?**
> 제가 그 의자를 빌려가도 될까요?

〈유브 갓 메일 You've got mail〉에서, 채팅으로 알게 된 톰 행크스가 약속 시간이 되어도 나오지 않아 초조해하고 있는 맥 라이언에게, 옆 사람이 의자를 빌려달라고 부탁하는 장면에서 이 표현이 나왔었죠.

> **Do you mind if I borrow this chair?**
> 제가 이 의자를 빌려가도 될까요?

이때 맥 라이언은 Yes라고 말합니다. 그런데 여기서 yes는 빌려줄 수 있다는 표현이 아니라, 빌려줄 수 없다는 의사표현이라는 것이 중요합니다. mind에는 '~을 꺼려하다' 라는 뜻이 있어서, Do you mind if I ~로 시작하는 말은 '내가 ~하는 것을 꺼려하시나요? 라는 뜻이 되기 때문에 물음에 긍정적으로 답을 할 때는 No라고 해야 하고, 부정적인 대답을 할 때는 Yes로 답해야 합니다. 자주 혼동되는 경우이니 꼭 기억해두세요.

실제상황

① 제가 문을 닫아도 될까요?
   Do you mind if I close the door?
② 제가 선풍기를 켜도 될까요?
   Do you mind if I turn on the fan?
③ 제가 당신에게 편지 써도 될까요?
   Do you mind if I write a letter to you?

Check it out
알고 있는 단어로
동사 open
명사 book
알고 싶은 단어로
동사 ventilate
명사 suggestion

Don't forget to ~ | Dish

이번 키워드는 **dish**, 고정 구문은 **Don't forget to ~**입니다.
아침에 엄마가 딸에게 설거지를 부탁했었는데 딸이 외출하려고 준비하고 있습니다. 엄마가 말하겠죠?

> **Don't forget to wash the dishes before you go out.**
> 너 외출하기 전에 설거지하는 거 잊지 마.

〈해리 포터와 비밀의 방 Harry Potter and the chamber of secrets〉의 초반부에, 해리 포터가 벽난로 앞에서 주문을 외울 때 옆에서 누군가가 이렇게 말하던 장면 기억나나요?

> **Don't forget to speak very very clearly.**
> 아주 또렷하게 말하는 걸 잊지 마라.

〈죠의 아파트 Joe's Apartment〉에서, 한 여자가 엄청나게 큰 알약을 죠에게 주면서 이렇게 말합니다.

> **Don't forget to take this.**
> 이것을 받는 거 잊지 마세요.

'~하는 것을 잊지 마'라는 표현은 Don't forget to ~로 시작해야 합니다.

실제상황

① 숙제하는 거 잊지 마.
Don't forget to do your homework.

② 그 신문기사 읽는 거 잊지 마.
Don't forget to read the article.

③ 저녁 먹기 전에 손 씻는 거 잊지 마.
Don't forget to wash your hands before you eat dinner.

Check it out
알고 있는 단어로
동사 write
명사 umbrella
형용사 careful
알고 싶은 단어로
동사 celebrate
명사 refund
형용사 cautious

Elevator   Why don't you ~

이번 키워드는 **elevator**, 고정 구문은 **Why don't you ~**입니다.
여자친구 혹은 남자친구와 백화점에 갔습니다. 가려고 하는 층이 꽤 높이 있네요. 그럼 엘리베이터를 타고 가는 게 어떠냐고 권유할 수 있겠죠?

> **Why don't you take the elevator?**
> 엘리베이터 타고 가는 게 어때?

〈베토벤 Beethoven〉에 보면 식사하다가 개 때문에 바지가 더럽혀진 것을 보고 이렇게 말하는 장면이 나옵니다.

> **Why don't you change your pants?**
> 바지를 갈아입는 게 어떻겠어?

〈금발이 너무해 Legally blonde〉에 보면 다음과 같이 말하는 장면이 나옵니다.

> **Why don't you offer him a cold beverage?**
> 찬 음료수를 그에게 좀 주는 게 어때?

이처럼, ~하는 게 어떠냐고 권유할 때는 Why don't you ~를 씁니다.

실제상황

① 좀 쉬는 게 어때?
   Why don't you get some rest?
② 고양이 한 마리 길러보는 게 어때?
   Why don't you raise a cat?
③ 그 영화를 보는 게 어때?
   Why don't you watch the movie?

Check it out
알고 있는 단어로
동사 follow
명사 question
형용사 silent
알고 싶은 단어로
동사 compete
명사 diplomat
형용사 punctual

You must be ~ Farmer

이번 키워드는 **farmer**, 고정 구문은 **You must be ~**입니다.
요즘 수입농산물 때문에 우리 농촌이 걱정이 많은데 우연히 기차 앞자리에 앉은 사람과 대화를 하다가 보니 그 사람이 농사에 대해 아주 해박하더군요. 그럼 이렇게 말할 수 있겠지요.

> **You must be a farmer.**
> 당신은 농부가 틀림없군요.

must는 '~해야만 한다' 라는 뜻 이외에 '~임에 틀림없다' 라는 뜻도 가지고 있습니다.

브리트니 스피어스가 출연한 영화 〈크로스로드 Crossroads〉에서, 같이 여행을 가기로 한 여자를 만났는데 그녀가 루시라는 것을 단박에 알아차리고 다음과 같이 말하는 장면이 나옵니다.

> **You must be Lucy.**
> 네가 루시구나.

뚱뚱한 여자의 애환을 그린 기네스 펠트로 주연의 〈내겐 너무 가벼운 그녀 Shallow Hal〉에서도 쉽게 들을 수 있죠.

> **You must be a model.**
> 당신은 모델이 틀림없군요.

이와 같이 You must be 다음에 사람이나 명사, 형용사를 써서 '당신은 ~가 틀림없군요' 라는 표현을 다양하게 사용합니다.

실제상황

① 당신은 에릭이 틀림없군요.
   You must be Eric.
② 당신은 변호사가 틀림없군요.
   You must be a lawyer.
③ 당신은 피곤한 게 틀림없군요.
   You must be tired.

Check it out
알고 있는 단어로
명사 student
형용사 sad
알고 싶은 단어로
명사 architect
형용사 indifferent

Game | I'm ready to ~

이번 키워드는 **game**, 고정 구문은 **I'm ready to ~**입니다.
컴퓨터 게임 한번 안 해본 분은 없겠죠? 친구와 피씨방에 갔습니다. 자, 준비 완료. 그럼 뭐라고 할까요?

> **I'm ready to play the computer game.**
> 나는 그 컴퓨터 게임을 할 준비가 되어 있다.

〈반지의 제왕 The lords of the ring〉에 이런 대사가 나왔었죠.

> **I'm ready to go home.**
> 나는 집에 갈 준비가 되어 있다.

남성이 임신을 한다는 설정이 관심을 끌었던 영화 〈쥬니어 Junior〉의 초반부에서 다음과 같은 표현이 나옵니다.

> **I'm ready to explore.**
> 나는 탐험할 준비가 되어 있어요.

'나는 ~할 준비가 되어 있다' 라는 표현은 I'm ready to ~로 시작하면 된다는 것 기억하세요.

실제상황

① 나는 드라이브할 준비가 되어 있다.
I'm ready to go for a drive.

② 나는 그 음악 들을 준비가 되어 있다.
I'm ready to listen to the music.

③ 나는 산책할 준비가 되어 있다.
I'm ready to take a walk.

Check it out
알고 있는 단어로
동사 play
명사 country
형용사 young
알고 싶은 단어로
동사 attack
명사 insect
형용사 generous

What happened to ~ Hair

이번 키워드는 **hair**, 고정 구문은 **What happened to ~**입니다.
오랜만에 데이트 약속을 하고 나갔는데 여자친구의 긴 생머리가 갑자기 단발이 되어 있는 겁니다. 당연히 물어봐야죠?

> **What happened to your hair?**
> 네 머리 어떻게 된 거야?

〈아이, 로봇 I, Robot〉에서, 윌 스미스가 로봇들과 한바탕 격전을 벌이다 얼굴에 상처를 입고 할머니를 찾아갔더니 그녀가 윌 스미스에게 묻죠.

> **What happened to your face?**
> 당신 얼굴이 어떻게 된 거야?

〈리치 앤 푸어 Richer or Poorer〉에서, 여자들에게 잘 보이려고 아미쉬 교도들이 턱수염을 깎자 이런 대사가 나옵니다.

> **What happened to your beard?**
> 당신 턱수염 어떻게 된 거야?

상대방의 신체나 가족, 장소에 어떤 변화가 있었을 경우 '네 ~가 어떻게 된 거야?'라고 물을 수 있습니다. 이 때 What happened to your ~로 시작하면 아주 쉽습니다.

실제상황

① 네 팔 어떻게 된 거야?
What happened to your arm?

② 네 차 어떻게 된 거야?
What happened to your car?

③ 네 아내 어떻게 된 거야?
What happened to your wife?

Check it out
알고 있는 단어로
명사 leg
알고 싶은 단어로
명사 sole

Ice You are not allowed to ~

이번 키워드는 **ice**, 고정 구문은 **You are not allowed to ~**입니다.
겨울이 다 가고 봄이 올 무렵이면 강물이나 저수지의 얼음이 서서히 녹기 시작하겠죠. 그럴 때 썰매를 타면 위험합니다. 그래서 얇은 얼음 위에서 썰매를 타려 하면 저수지의 관리인이 가로막죠.

> **You are not allowed to sled on the thin ice.**
> 당신은 얇은 얼음 위에서 썰매 타는 게 허용이 되지 않아요.

〈애니멀 The Animal〉에서 다음과 같은 대사가 나옵니다.

You are not allowed to touch that.
당신 그거 만지시면 안 돼요.

〈캐치 미 이프 유 캔 Catch me if you can〉에서, 사기꾼 프랭크가 은행에서 위조 수표를 현금으로 바꾸려고 하자 은행 여직원이 이렇게 말합니다.

We are not allowed to cash checks from another banks.
다른 은행 수표를 현금으로 바꾸는 것은 허용이 되지 않아요.

You are not allowed to ~는 '~하시면 안 돼요'라는 의미에 해당됩니다. 해서는 안 되는 것을 이미 규칙이나 규정으로 정해놓은 것을 모르고 행하려고 할 때 주의를 주려고 하는 말로 이해하면 됩니다.

실제상황

① 그 제한 구역에 들어가시면 안 돼요.
   You are not allowed to enter the restricted area.
② 여기 주차하시면 안 돼요.
   You are not allowed to park here.
③ 벽에 낙서하면 안 돼요.
   You are not allowed to scribble on the wall.

Check it out
알고 있는 단어로
동사 read
명사 girl
형용사 late
알고 싶은 단어로
동사 postpone
명사 attic
형용사 dependent

What kind of ~ do you like? Jean

이번 키워드는 **jean**, 고정 구문은 **What kind of ~ do you like?**입니다. 청바지도 종류가 많죠? 여기 저기 마구 찢어진 청바지를 좋아하는 사람도 있던데, 제가 한번 물어볼까요?

What kind of jeans do you like?
어떤 종류의 청바지를 좋아하세요?

청바지를 별로 좋아하지 않는다고요? 아무튼 키워드 jean의 문장은 What kind of ~ do you like?입니다.

성룡이 주연한 〈턱시도 Tuxido〉에 보면 다음과 같은 대사가 나옵니다.

What kind of bubble do you like?
어떤 종류의 거품을 좋아하세요?

〈아빠와 한판승 Getting even with Dad〉에서는 아빠가 아이에게 다음과 같은 말을 합니다.

What kind of food do you like?
어떤 종류의 음식을 좋아하니?

이와 같이 '어떤 종류의 ~를 좋아하니?'를 표현할 때는 What kind of ~ do you like? 구문을 사용하고 kind of 다음엔 명사를 넣으면 됩니다.

실제상황

① 어떤 종류의 음료수를 좋아하니?
What kind of beverage do you like?

② 어떤 종류의 과일을 좋아하니?
What kind of fruit do you like?

③ 어떤 종류의 음악을 좋아하니?
What kind of music do you like?

Check it out
알고 있는 단어로
명사 animal
알고 싶은 단어로
명사 dinosaur

I Know where ~ is.

이번 키워드는 **key**, 고정 구문은 **I know where ~ is.** 입니다.
엄마가 외출하려는데 열쇠가 보이지 않네요. 이곳 저곳을 찾다가 끝내 못 찾고 곰곰이 생각에 잠겼는데 옆에 있던 아이가 아는 체를 합니다.

> **I know where the key is.**
> 나 열쇠 어디 있는지 알아요.

〈리썰 웨폰 4 Lethal Weapon 4〉에서 다음과 같은 대사가 나옵니다.

> **I know where the money is.**
> 나 돈이 어디 있는지 안다.

이처럼 뭐가 어디에 있는지 알고 있다는 말을 해주고 싶을 때 이 구문을 씁니다. 생각이 안 나면 우선 key를 떠올리세요. 그러면 키워드 기본문장 I know where the key is가 생각날 겁니다. 거기서 key의 내용만 바꿔주면 되겠죠. 그럼 어떤 물건, 사람, 장소의 소재를 아주 쉽게 알려줄 수 있겠죠? 단, 명사가 복수일 경우에는 is 대신에 are를 쓰면 된다는 것 정도는 감각적으로 아시죠? 그래서,

> **I know where the frogs are.**
> 나는 그 개구리들이 어디 있는지 알아.

실제상황

① 나는 그 동굴이 어디 있는지 안다.
   I know where the cave is.
② 나는 그 조약돌들이 어디 있는지 안다.
   I know where the pebbles are.
③ 나는 그 수의사가 어디 있는지 안다.
   I know where the veterinarian is.

Check it out
알고 있는 단어로
명사 dog
알고 싶은 단어로
명사 microscope

It is dangerous to ~ Lake

이번 키워드는 **lake**, 고정 구문은 **It is dangerous to ~**입니다.
호수는 낭만이 있지만 아이들에겐 위험하기도 하죠. 큰 호수에서는 종종 익사사고도 있곤 합니다. 호수를 떠올리고 위험을 연상하면 이 문장이 잊혀지지 않겠죠?

> **It is dangerous to cross the lake without using a boat.**
> 보트 없이 호수를 건너는 것은 위험하다.

It is dangerous to를 고정시켜서 '~하는 것은 위험하다' 라는 다양한 표현을 마음대로 구사할 수 있습니다. 구체적인 사람을 넣어서 표현해야할 때는 to 앞에 for를 붙여서 말하면 되구요.

> It is dangerous for children to cross the street without looking at both sides.
> 아이들이 길 양쪽을 살피지 않고 길을 건너는 것은 위험하다.

그런데, 사람의 성질을 나타내는 형용사(cruel, foolish, smart, wise)가 나올 때에는 구체적인 사람 앞에 for를 안 쓰고 of를 쓴다는 것 주의하세요.

> It is foolish of her to accept his suggestion.
> 그녀가 그의 제안을 받아들이는 것은 어리석은 일이다.

실제상황

① 그 나무에 올라가는 것은 위험하다.
It is dangerous to climb the tree.

② 성냥을 가지고 장난하는 것은 위험하다.
It is dangerous to play with matches.

③ 깊은 강에서 그녀가 수영하는 것은 바보 같은 짓이다.
It is foolish of her to swim in the deep river.

Check it out
알고 있는 단어로
동사 stay
명사 secret
형용사 careless
알고 싶은 단어로
동사 assassinate
명사 current
형용사 curious

Magazine What is your favorite ~

이번 키워드는 **magazine**, 고정 구문은 **What is your favorite ~**입니다. 잡지의 종류는 정말 다양하죠. 우리나라 잡지협회에 등록된 잡지만 해도 공식적으로 수천 종이랍니다. 사람마다 좋아하는 잡지가 다 다르겠죠? 주간지, 월간지, 여성지, 여행 잡지, 낚시 잡지, 문예지, 성인 잡지까지. 여기서 매거진이라는 키워드를 통해 좋아하는 잡지는 뭘까를 생각해볼 수 있고 아주 많이 쓰이는 What is your favorite라는 구문을 외울 수 있을 것 같습니다. 그럼 당신이 가장 좋아하는 잡지는 뭔가요? 라는 말을 영어로 하면 어떻게 될까요?

What is your favorite magazine?
당신이 가장 좋아하는 잡지는 뭔가요?

〈네고시에이터 Negotiator〉에 보면 인질에게 다음과 같이 말하는 장면이 나옵니다.

What is your favorite television show?
네가 좋아하는 텔레비전 쇼가 뭐냐?

〈매치스틱 맨 Matchstick man〉에 보면 딸이 좋아할 만한 아이스크림 맛을 말하니까 듣던 딸아이가 다음과 같이 대답합니다.

That is my favorite flavor.
그게 내가 제일 좋아하는 맛이에요.

실제상황

① 당신이 가장 좋아하는 소설은 무엇인가요?
What is your favorite novel?

② 당신이 가장 좋아하는 향수는 무엇인가요?
What is your favorite perfume?

③ 당신이 가장 좋아하는 과목은 무엇인가요?
What is your favorite subject?

Check it out
알고 있는 단어로
명사 color
알고 싶은 단어로
명사 poem

I am about to ~ | Name

이번 키워드는 **name**, 고정 구문은 **I am about to~** 입니다.
여자친구와 영화관에 갔습니다. 마침 경품행사를 하는군요. 꽝이 없는 100% 당첨이라네요. 오늘 점수 좀 따겠죠? 여자친구가 화장실에 간 사이 신청서를 작성하고 있습니다. 그때 여자친구가 돌아와 묻습니다. '지금 뭐해?' 그럼 영어로 멋지게 한마디 날리세요.

> **I am about to write my name on the application form.**
> 나는 지금 막 신청서에 이름을 쓰려는 중이야.

〈데어데블 Daredevil〉에서, 눈은 안 보이지만 사랑하는 사람이 앞에 있다는 것을 더 느낄 수 있다는 뜻으로 '곧 비가 오려고 하네요' 라고 말하는 장면이 나옵니다. 곧이어 떨어지는 비로 여자의 윤곽을 희미하게 느끼는 인상적인 장면이지요.

> **It is about to rain.**
> 곧 비가 오려고 하네요.

〈마우스 헌트 Mouse Hunt〉를 보면, 아버지에게 물려받은 집을 경매로 처분하려고 하는데, 경매가 시작되기 직전에 다음과 같은 대사가 나옵니다.

> **We are about to start the auction.**
> 우리는 지금 막 경매를 시작하려고 합니다.

이와 같이, I am about to ~는 '나는 곧 ~하려 한다' 는 뜻입니다.

실제상황

① 나는 지금 막 그 동굴에 들어가려고 한다.
   I am about to go into the cave.
② 나는 지금 막 별들을 관찰하려고 하고 있다.
   I am about to observe stars.
③ 나는 수영장에서 그녀에게 막 물탕을 튀기려 하고 있다.
   I am about to splash water on her in the swimming pool.

Check it out
알고 있는 단어로
동사 watch
명사 hat
알고 싶은 단어로
동사 apologize
명사 antique

Oasis He has little chance of ~ing

이번 키워드는 **oasis**,
고정 구문은 **He has little chance of ~ing**입니다.
오아시스 하면 가장 먼저 사막이 떠오르죠? 그렇지 않나요? 이창동 감독의 영화가 떠오른다구요? 그럴 수도 있겠네요. 그렇지만 그 역시 사막처럼 황폐해진 사회의 그늘막 같은 걸 보여주고 싶었을 겁니다. 아무튼 사막 한가운데서 오아시스를 찾는 일은 생각처럼 쉽지 않죠. 오아시스와 사막의 관계를 고려해서 이런 문장을 생각해 보도록 하죠.

> **He has little chance of finding an oasis in the middle of the desert.**
> 그가 사막 한가운데서 오아시스를 찾을 가능성은 거의 없다.

He has little chance of ~ing는 '그가 ~할 가능성은 거의 없다' 라는 표현이 됩니다.

실제상황

① 그가 감옥에서 탈출할 가능성은 거의 없다.
He has little chance of escaping from prison.

② 그가 입학시험에 합격할 가능성은 거의 없다.
He has little chance of passing the entrance exam.

③ 그녀가 복권에 당첨될 가능성은 거의 없다.
She has little chance of winning the lottery.

Check it out
알고 있는 단어로
동사 find
명사 present
형용사 angry
알고 싶은 단어로
동사 participate
명사 fiance
형용사 nervous

This is ~ I want to ~   Pencil

이번 키워드는 **pencil**, 고정 구문은 **This is ~ I want to~** 입니다.

지금까지는 동사가 먼저 나오는 문장을 했는데, 이번에는 명사가 먼저 나오는 구조로 되어 있는 문장을 처음으로 공부해봅시다. 영어는 어순상 동사만 먼저 나오는 것이 아니라 명사도 먼저 나오게 되어 있습니다. 이렇게 우리말 어순과 다르다는 점이 영어 공부를 어렵게 만드는 주범이기도 하지요.

예를 들어, '나는 내가 읽고 싶은 책을 샀다' 라고 할 때, 우리말은 '샀다' 라는 동사도 나중에 나오지만, '책' 이라는 명사도 '내가 읽고 싶은' 이라는 수식어구 다음에 쓰입니다. 그런데 영어는 어순이 정반대입니다.

영어식 표현으로 써보면,

나는 샀다. (I bought.)

나는 책을 샀다. (I bought the book.)

나는 내가 읽고 싶은 책을 샀다. (I bought the book I want to read.)

가 되어서, '샀다' 라는 동사(bought)도 먼저 나오지만, '책' 이라는 명사(book)도 우리말과는 달리 먼저 등장한다는 것을 알 수 있습니다.

자, 이제 pencil이라는 키워드로 명사가 먼저 나오는 첫 번째 구조를 공부합시다. 문방구에 갔더니 마음에 드는 연필이 있어서 친구에게 '이게 내가 사고 싶은 연필이야' 라고 말할 수 있겠죠. 그걸 영어로 해볼까요.

This is the pencil I want to buy.

이 한 문장을 머릿속에 넣고 명사가 먼저 나오는 다양한 문장들을 만들어 봅시다.

This is the car I want to buy.
이것은 내가 사고 싶은 차야.

This is the souvenir I want to buy.
이것은 내가 사고 싶은 기념품이야.

This is the vegetable I want to buy.
이것은 내가 사고 싶은 야채야.

Pencil This is ~ I want to ~

This is the 다음의 명사와 I want to 다음의 동사만 변형시켜 좀더 다양하게 표현해 볼까요.

This is the cucumber I want to eat.
이것은 내가 먹고 싶은 오이야.

This is the squirrel I want to catch.
이것은 내가 잡고 싶은 다람쥐야.

This is the professor I want to meet.
이 분은 내가 만나고 싶은 교수님이야.

이와 같이 한 문장만 알고 있으면 그 다음에는 그 명사나 동사의 위치만 변형시켜 다양한 표현을 할 수 있습니다. 이때 사물은 물론 사람도 대입할 수 있다는 것 또한 꼭 기억해둡시다.

실제상황

① 이 사람은 내가 너에게 소개하고 싶은 친구다.
This is the friend I want to introduce to you.

② 이것은 내가 먹고 싶은 굴이다.
This is the oyster I want to eat.

③ 이것은 내가 잡고 싶은 너구리다.
This is the racoon I want to catch.

Check it out
알고 있는 단어로
동사 sell
명사 woman
알고 싶은 단어로
동사 purchase
명사 badger

I know how ~ is. Queen

이번 키워드는 **queen**, 고정 구문은 **I know how ~ is.** 입니다.
영국의 엘리자베스 여왕이 화려한 의상과 왕관을 쓰고 있는 모습을 보면 우아하다는 느낌이 들 수 있겠죠? 다음과 같이 표현해 볼까요.

> **I know how elegant the queen is.**
> 나는 그 여왕이 얼마나 우아한지 알고 있다.

앞의 키워드 pencil에서는 명사와 동사를 서로 짝으로 해서 표현해 봤던 것 기억나죠? 이번에는 형용사와 명사를 짝으로 표현해 봅시다.

어느날 유독 책가방이 무거울 수 있겠죠? 그럼 명사인 '가방' 과 형용사인 '무거운' 이 짝이 되는 겁니다.

> **I know how heavy the bag is.**
> 나는 그 가방이 얼마나 무거운지 안다.

사람을 표현해볼까요. '친절한' '간호사' 를 떠올려 보세요.

> **I know how kind the nurse is.**
> 나는 그 간호사가 얼마나 친절한지 안다.

장소를 표현해볼까요. '먼' '공원' 을 생각해 보세요.

> **I know how far the park is.**
> 나는 그 공원이 얼마나 먼지 안다.

실제상황

① 나는 그 의자가 얼마나 편안한지 안다.
I know how comfortable the chair is.

② 나는 그 송어가 얼마나 맛있는지 안다.
I know how delicious the trout is.

③ 나는 그 의사가 얼마나 낙천적인지 안다.
I know how optimistic the doctor is.

Check it out
알고 있는 단어로
명사 river
형용사 smart
알고 싶은 단어로
명사 attorney
형용사 strict

Rabbit This is the place where I will ~

이번 키워드는 **rabbit**, 고정 구문은 **This is the place where I will ~**입니다.

겨울에 토끼를 잡기 위해 덫을 놓은 곳을 가리키며 친구에게 '이곳이 내가 토끼를 잡을 곳이야' 라고 했습니다. 그걸 영어로 해볼까요?

> **This is the place where I will catch rabbits.**
> 이곳이 내가 토끼를 잡을 곳이야.

This is the place where I will ~은 '이곳은 내가 ~할 곳이야' 라는 표현입니다. pencil을 공부할 때 설명했지만, 영어는 동사만 먼저 나오는 것이 아니라 명사도 먼저 나옵니다. 그래서 먼저 나오는 명사 중에 주로 장소와 관련이 있는 것은 이 구문을 사용해 표현하면 아주 좋습니다. 몇 가지 예를 들어볼까요?

> **This is the place where I will eat lunch.**
> 여기가 내가 점심을 먹을 곳이다.
>
> **This is the place where I will marry her.**
> 여기가 내가 그녀와 결혼할 곳이다.
>
> **This is the place where I will meet him.**
> 여기가 내가 그를 만날 곳이다.

앞부분을 고정시키니까 아주 편하지요. 이것이 훈련이 되면 the place를 구체적인 장소로 변경할 수 있습니다. 다음의 예를 볼까요.

> **This is the bookstore where I will buy the book.**
> 여기가 내가 그 책을 살 곳이다.
>
> **This is the hotel where I will stay for the weekend.**
> 여기가 내가 주말을 보낼 호텔이다.
>
> **This is the restaurant where I will eat dinner.**
> 여기가 내가 저녁을 먹을 식당이다.

그런데 이 패턴으로 문장을 만들 때 where 다음에 쓰이는 동사의 형태를 3가지로 나누어서 정리해두면 나중에 표현할때 떠올리기가 쉽습니다.

1. 자동사

This is the room where you will sleep.
여기가 네가 잘 방이야.

sleep라는 자동사가 사용되었죠?

2. 수동태

This is the town where my grandfather was born.
이곳이 우리 할아버지가 태어난 곳이야.

was born이라는 수동태가 사용되었습니다.

3. 타동사 + 목적어

This is the garden where I will plant those roses.
여기가 내가 저 장미꽃들을 심을 정원이야.

plant라는 타동사와 those roses라는 목적어가 사용되었죠?

관계부사 where 다음에 이와 같은 3가지 패턴이 사용된다는 것을 잘 알아두면, 관계대명사 용법과 명확하게 구분할 수 있어서 문법시험은 물론이고 말하거나 쓸 때에 아주 유용합니다.

실제상황

① 이곳이 내가 그 연고를 살 약국이야.

This is the drugstore where I will buy the ointment.

② 여기가 그 시인이 묻혀 있는 무덤이야.

This is the grave where the poet is buried.

③ 이곳이 스님들이 기거하시는 절이야.

This is the temple where monks live.

Check it out
알고 있는 단어로
동사 live
명사 restaurant
알고 싶은 단어로
동사 construct
명사 shelter

School You don't have to ~

이번 키워드는 **school**, 고정 구문은 **You don't have to ~**입니다.
간혹 공휴일이나 특히 개교기념일에 습관처럼 학교 갈 준비를 한 적은 없나요?
그 때 엄마가 보고 이렇게 말할 수 있겠죠?

> **You don't have to go to school.**
> 오늘은 학교 갈 필요 없단다.

〈가위손 Edward scissorhands〉에 보면 가위손을 가진 남자에게 여자가 이렇게 말하는 장면이 나옵니다.

> **You don't have to hide from me.**
> 너는 내게서 숨을 필요 없어.

〈슈렉 Shrek〉에서 슈렉이 피오나 공주에게 다음과 같이 말하죠.

> **You don't have to tell me anything, princess.**
> 공주님, 내게 아무것도 말할 필요 없습니다.

이와 같이 You don't have to ~는 '당신은 ~할 필요가 없어요' 라는 표현입니다.

실제상황

① 너는 아침 일찍 출발할 필요 없어.
You don't have to depart early in the morning.

② 너 흥분할 필요 없어.
You don't have to get excited.

③ 너 그 결과에 대해 책임질 필요 없어.
You don't have to take the responsibility for the result.

Check it out
알고 있는 단어로
동사 call
명사 beggar
형용사 afraid
알고 싶은 단어로
동사 employ
명사 sanctuary
형용사 serious

When did you ~ | Teeth

이번 키워드는 **teeth**, 고정 구문은 **When did you ~**입니다.
친구와 대화하다 친구의 입냄새가 너무 심하게 나면 '너 언제 이 닦았어?' 라고 물어볼 수 있겠죠? 그걸 영어로 해볼까요.

When did you brush your teeth?
너 언제 이 닦았어?

〈바이센테니얼 맨 Bicentennial Man〉에 보면 이런 대사가 나옵니다.

When did you know that you are unique?
네가 독특하다는 걸 언제 알았니?

〈마제스틱 Majestic〉에 보면 다음과 같은 대사가 나옵니다.

When did you learn to dance?
언제 춤추는 걸 배웠니?

이와 같이 '너는 언제 ~했니? 라는 표현을 할 때는 When did you ~로 시작하면 됩니다.

실제상황

① 너 언제 그 사진을 확대했니?
When did you enlarge the picture?
② 너 언제 그 대학 졸업했니?
When did you graduate from that college?
③ 너 언제 귀 뚫었니?
When did you have your ears pierced?

Check it out
알고 있는 단어로
동사 change
명사 hammer
알고 싶은 단어로
동사 develop
명사 galaxy

Umbrella   It will take you a few hours to ~

이번 키워드는 **umbrella**,
고정 구문은 **It will take you a few hours to ~**입니다.
비오는 날 지하철을 타고 가다가 우산을 놓고 내린 적이 있을 겁니다. 저도 간혹 그런 실수를 하곤 하죠. 한번은 분실물 보관소(lost and found)에 전화를 걸었다가 이런 답변을 들은 적이 있었습니다.

> **It will take you a few hours to get your umbrella back from the lost and found.**
> 당신이 분실물 보관소에서 우산을 되찾으려면 몇 시간 정도 걸릴 겁니다.

'당신이 ~하는 데 몇 시간이 걸릴 거예요' 라는 표현은 It will take you a few hours to ~로 시작하면 됩니다. 단, 시간은 제일 짧은 단위부터 다양하게 변형할 수 있습니다.

* 초(second), 분(minute), 시(hour),
  일(day), 주(week), 월(month), 년(year), 세기(century)

실제상황

① 당신이 그 사무실을 꾸미는 데 며칠 걸릴 겁니다.
   It will take you a few days to decorate the office.

② 당신이 라디오로 일기예보를 듣는 데 몇 분 걸릴 겁니다.
   It will take you a few minutes to listen to the weather forecast on radio.

③ 우리가 다리를 건설하는 데 몇 년이 걸릴 겁니다.
   It will take us a few years to construct a bridge.

Check it out
알고 있는 단어로
동사 wait
명사 island
알고 싶은 단어로
동사 negotiate
명사 auction

I don't know how to ~ Vase

이번 키워드는 **vase**, 고정 구문은 **I don't know how to ~**입니다.
꽃을 좋아하기는 하지만, 꽃꽂이는 쉬운 게 아니죠? '나는 그 꽃병에 꽃꽂이할 줄 모른다'를 영어로 해볼까요.

> **I don't know how to arrange flowers in the vase.**
> 나는 그 꽃병에 꽃꽂이할 줄 모른다.

〈나 홀로 집에 1 Home Alone 1〉 초반부에 보면, 가족들이 파리로 크리스마스 휴가를 떠날 때 주인공 케빈이 다음과 같이 말하는 장면이 나옵니다.

> **I don't know how to pack the suitcase.**
> 난 가방을 쌀 줄 몰라요.

〈키드 Kid〉에서도 자신이 어떻게 사라져야 될지 모르겠다고 말하는 인상적인 장면이 나오죠.

> **I don't know how to disappear.**
> 난 사라지는 법을 몰라요.

자, 이와 같이 '나는 ~할 줄 몰라요'라는 표현은 I don't know how to~ 로 한 단어처럼 외우세요.

실제상황

① 나는 사람들의 시선을 끌 줄 몰라요.
I don't know how to attract attention.
② 나는 달걀을 삶을 줄 몰라요.
I don't know how to boil eggs.
③ 나는 어떻게 환불을 받아야 할 줄 모르겠어요.
I don't know how to get a refund.

Check it out
알고 있는 단어로
동사 drive
명사 bicycle
알고 싶은 단어로
동사 rescue
명사 survivor

Wall | I saw you ~

이번 키워드는 **wall**, 고정 구문은 **I saw you ~**입니다.
버스를 타고 가는데 친한 친구가 벽에 기대서서 누군가와 이야기하는 모습을 보게 되었습니다. 그래서 다음날 친구에게 그 이야기를 합니다. 그 사람이 누구냐고 묻기에 앞서 그 상황을 설명해야겠죠?

> **I saw you lean against the wall and have a conversation with someone.**
> 난 네가 벽에 기대서 누군가와 대화 하고 있는 것을 봤어.

〈컨스피러시 Conspiracy Theory〉에서, 택시 운전사인 멜 깁슨이 차에 손님이 타자 다음과 같이 말하는 장면이 나옵니다.

I saw you kiss her.
나는 당신이 그녀와 키스하는 것을 봤어요.

〈요람을 흔드는 손 Hands that rock the cradle〉에서는, 의료사고로 파산한 의사의 부인이 일부러 자신을 그렇게 만든 집에 가정부로 들어갔을 때, 그 주인집 여자에게 다음과 같은 말을 합니다.

I saw you put it in there.
나는 당신이 그것을 그 안에 놓은 것을 봤어요.

이처럼 '나는 당신이 ~한 것을 봤어' 라는 표현은 **I saw you ~**입니다.

실제상황

① 나는 당신이 안도의 한숨을 쉬는 것을 봤다.
I saw you breathe a sigh of relief.

② 나는 당신이 손뼉 치는 것을 봤다.
I saw you clap your hands.

③ 나는 당신이 목장에서 일하는 것을 봤다.
I saw you work at the ranch.

Check it out
알고 있는 단어로
동사 study
명사 friend
알고 싶은 단어로
동사 deposit
명사 recipe

You'd better ~ X-ray

이번 키워드는 **x-ray**, 고정 구문은 **You'd better~** 입니다.
운동장에서 축구를 하던 친구가 그만 발목을 다쳤습니다. 그 친구가 외국인 친구라면 영어로 말해야겠죠?

> **You'd better have your ankle x-rayed in the hospital.**
> 너는 병원에서 발목을 엑스레이 찍어보는 게 좋겠다.

〈투머로우 The Day after Tomorrow〉에서, 아내가 지구를 둘러싸고 있는 냉폭풍 구름 사진을 보고 남편을 깨우면서 다음과 같이 말하는 장면이 나옵니다.

> **You'd better take a look.**
> 한번 보는 게 좋을 거예요.

〈엑스맨 X-Men〉을 보면 끔찍한 장면을 보지 말라며 다음과 같이 말하는 장면이 나옵니다.

> **You'd better close your eyes.**
> 눈을 감는 게 좋을 거예요.

'~하는 게 좋을 거예요' 라는 문장에서 고정시킬 구문은 You'd bettter ~ 입니다. You'd better는 You had better를 줄인 말입니다.

실제상황

① 너는 신학을 전공하는 게 좋을 거야.
   You'd better major in theology.
① 너는 전구를 교체하는 게 좋을 거야.
   You'd better replace the light bulb.
① 너는 우회하는 게 좋을 거야.
   You'd better take a detour.

Check it out
알고 있는 단어로
동사 work
명사 sky
알고 싶은 단어로
동사 exhale
명사 victim

Yacht | I can't keep ~ing

이번 키워드는 **yacht**, 고정 구문은 **I can't keep ~ing**입니다.
요트를 타고 바다로 나갔다가 긴 항해에 지쳐 버렸습니다. 육지의 누군가에게 핸드폰으로 이 상황을 전달하려고 합니다. 이렇게 말할 수 있겠죠?

> **I can't keep sailing by yacht anymore because I'm too exhausted.**
> 나는 너무 지쳐서 요트로 더 이상 항해할 수 없어요.

〈파 앤드 어웨이 Far and Away〉에 보면, 아일랜드 소작농의 아들인 탐 크루즈가 주인집 딸인 니콜 키드만을 데리고 신대륙 미국으로 건너가는데, 처음에는 복서로 잘 나가다가 나중에 상대에게 무참히 패하고 바닥으로 전락하게 됩니다. 오갈 데가 없어서 눈보라 속을 헤매다가 니콜 키드만이 이렇게 말합니다.

> **I can't keep wandering like this.**
> 나는 계속해서 이런 식으로 헤매고 다닐 수 없어.

'나는 더 이상 ~할 수 없어' 라는 말을 할 때는 **I can't keep ~ing**를 고정해서 사용하세요.

실제상황

① 나는 계속해서 땅을 팔 수 없어요.
I can't keep digging the ground.

② 우리는 계속해서 난민들에게 구호물자를 제공해줄 수 없어요.
We can't keep providing relief supplies to the refugees.

③ 나는 이런 조건으로 계속해서 일할 수 없어요.
I can't keep working like this under these conditions.

Check it out
알고 있는 단어로
동사 sing
명사 student
알고 싶은 단어로
동사 assemble
명사 shrimp

Have you seen ~ Zebra

이번 키워드는 **zebra**, 고정 구문은 **Have you seen ~**입니다.
얼룩말은 몸에 다채로운 줄무늬를 가진 신기한 동물이죠. 처음 동물원에 다녀온 친구가 촌스럽게 물어옵니다. 그것도 영어로.

> **Have you seen the zebra?**
> 너 얼룩말 본 적 있어?

〈해리 포터와 아즈카반의 죄수 Harry Potter and the Prisoner of Azkarban〉에서, 아즈카반 감옥에서 탈출한 시리우스를 잡기 위해 현상범 수배를 하는데, 마법학교 벽에 걸린 그의 수배전단에 다음과 같이 씌어 있습니다.

> **Have you seen this wizard?**
> 이 마법사를 본 적이 있나요?

〈피닉스 The Flight of Phoenix〉에서 일행 중 한 명이 사막에서는 나침반도 춤추듯 제멋대로 움직인다면서 다음과 같이 말하는 장면이 나옵니다.

> **Have you seen the compass dance?**
> 당신, 나침반이 춤추는 거 본 적 있어?

'~을 본 적이 있나요?' 라고 표현할 때는 Have you seen ~으로 시작하면 됩니다.

실제상황

① 너 그 행성의 분화구 본 적 있어?
   Have you seen the crater of the planet?

② 너 그 난장이들 본 적 있어?
   Have you seen the dwarfs?

③ 너 그 화산 본 적 있어?
   Have you seen the volcano?

Check it out
알고 있는 단어로
명사 bridge
알고 싶은 단어로
명사 portrait

Part I 26개 키워드 문장 총 정리

수고하셨습니다. 지금까지 4개의 Part 가운데 Part I의 키워드 문장을 공부하셨습니다. 그럼, 26개의 키워드 문장을 정리해보겠습니다.

album __ I want you to show me the album.
baby __ I told you not to make the baby cry.
chair __ Do you mind if I borrow the chair?
dish __ Don't forget to wash the dishes before you go out.
elevator __ Why don't you take the elevator?
farmer __ You must be a farmer.
game __ I'm ready to play the computer game.
hair __ What happened to your hair?
ice __ You are not allowed to sled on the thin ice.
jean __ What kind of jeans do you like?
key __ I know where the key is.
lake __ It is dangerous to cross the lake without using a boat.
magazine __ What is your favorite magazine?
name __ I am about to write my name on the application form.
oasis __ He has little chance of finding an oasis in the middle of the desert.
pencil __ This is the pencil I want to buy.
queen __ I know how elegant the queen is.
rabbit __ This is the place where I will catch rabbits.
school __ You don't have to go to school.
teeth __ When did you brush your teeth?
umbrella __ It will take you a few hours to get your umbrella back from the lost and found.
vase __ I don't know how to arrange flowers in the vase.
wall __ I saw you lean against the wall and have a conversation with someone.
x-ray __ You'd better have your ankle x-rayed in the hospital.
yacht __ I can't keep sailing by yacht anymore because I'm too exhausted.
zebra __ Have you seen the zebra?

Part I 26개 키워드 문장 대상 표현결합

표현결합이란 하나의 키워드 문장 앞부분과 다른 키워드 문장의 뒷부분을 결합하여 새로운 문장을 만들어내는 것이라는 설명 기억하시죠? 이제 Part I에서 공부한 26개 문장을 이용해서 표현결합 문장을 만들어봅시다. 여기서는 20개의 문장만 예문으로 들지만 수많은 문장들이 만들어질 수 있으니 꼭 한번 해보시기 바랍니다.

1. 그 잡지 본 적 있어?
   Have you seen the magazine? (zebra + magazine)

2. 나는 네가 호수를 건너가는 것을 봤다.
   I saw you cross the lake. (wall + lake)

3. 나는 네가 병원에서 다리를 엑스레이 찍었으면 좋겠다.
   I want you to have your leg x-rayed in the hospital. (album + x-ray)

4. 너는 그 열쇠가 어디 있는지 나에게 말해주는 게 좋을 거야.
   You'd better tell me where the key is. (x-ray + key)

5. 내가 벽에 기대지 말라고 말했지.
   I told you not to lean against the wall. (baby + wall)

6. 나는 썰매 탈 줄 모른다.
   I don't know how to sled. (gloves + ice)

7. 나는 계속해서 컴퓨터 게임을 할 수 없다.
   I can't keep playing the computer game. (yacht + game)

8. 나는 네가 아기 울리는 것을 봤다.
   I saw you make the baby cry. (wall + baby)

9. 우산 돌려받는 것 잊지 마라.
   Don't forget to get your umbrella back. (dish + umbrella)

10. 그 호수를 건너가는 데 몇 분 걸릴 거야.
   It will take you a few minutes to cross the lake.
   (umbrella + lake)

11. 꽃꽂이하는 걸 배우는 게 어때?
   Why don't you learn to arrange flowers? (elevator + vase)

12. 내가 네 책 돌려받으라고 말했지.
   I told you to get your book back. (baby + umbrella)

13. 어디서 그 책 빌렸어?
   Where did you borrow the book? (teeth + chair)

14. 이것은 내가 하고 싶은 컴퓨터 게임이다.
   This is the computer game I want to play. (pencil + game)

15. 너 네 동생 울리지 않는 게 좋을 거야.
   You'd better not make your brother cry. (x-ray + baby)

16. 나는 그 농부가 얼마나 부지런한지 안다.
   I know how diligent the farmer is. (queen + farmer)

17. 나는 네가 벽에 기대지 않았으면 좋겠다.
   I don't want you to lean against the wall. (album 변형+ wall)

18. 나는 네가 그에게 앨범을 보여주는 것 봤어.
   I saw you show him the album. (wall + album)

19. 나는 지금 막 병원에서 어깨를 엑스레이 찍으려고 하고 있다.
   I'm about to have my shoulder x-rayed in the hospital.
   (name + x-ray)

20. 왜 농부가 되었나요?
   Why did you be a farmer? (teeth 변형+ farmer)

Part I 26개 키워드 문장 대상 구조결합

Part I의 26개 문장을 키워드 알파벳 순서대로 다 머릿속에 넣었죠? 앞에서 키워드 문장의 앞부분과 뒷부분을 연결하면 쉽게 새로운 문장이 만들어지는 표현결합이라는 방법을 해보았습니다. 이제는 표현결합보다 조금 더 긴 문장을 만들기 위해 '구조결합'이라는 방법으로 문장을 만들어보겠습니다.

구조결합이란 말 그대로 각 키워드 문장의 구조를 서로 합쳐서 새로운 문장을 만들어내는 것입니다. 물론 각 키워드 문장의 변형 문장도 구조결합이 가능한 예문들이라는 게 이 책의 장점입니다.

예를 들어 볼까요. 먼저 키워드 album과 key의 기본 문장을 봅시다.

album _ I want you to show me the album.
key _ I know where the key is.

자, 그럼 우리가 만들 문장을 볼까요.

나는 네가 그 보물이 어디 있는지 내게 말해줬으면 좋겠다.
I want you to tell me where the treasure is.

album의 앞부분과 key의 뒷부분이 합쳐져서 새로운 문장이 만들어졌지요. 표현결합처럼 단순히 문장의 일부분을 연결한 것이 아니고 각 문장이 가지고 있는 고정된 구문들을 결합한 것입니다. 조지 클루니가 주연했던 이라크전을 다룬 영화 〈쓰리 킹즈 Three Kings〉에 보면 다음과 같은 대사가 나옵니다.

I want you to tell me where the gold is.
금이 어디 있는지 내게 말해줬으면 좋겠소.

〈배트맨 포에버 Batman Forever〉에서는 다음과 같은 대사가 나옵니다.

You gotta help me find him.
내가 그를 찾을 수 있도록 해줘야 해.

You gotta는 You have to의 뜻이고 help me find him은 make the baby cry의 구조를 변형한 것입니다. 즉, 키워드 school과 baby의 구조가 합쳐져서 새로운 문장이 만들어진 것입니다. 이와 같이 키워드 문장들의 구조를 합치면 아주 수준 높고 세련된 문장을 복잡하다는 생각이 들지 않게 쉽게 만들 수 있습니다. 자, 그러면 26개의 키워드 문장으로 구조 결합된 문장들의 예를 한번 살펴볼까요.

1. 나는 당신이 나에게 꽃꽂이하는 법을 가르쳐주었으면 좋겠다.
   I want you to teach me how to arrange flowers. (album + vase)

2. 내 딸이 어제 산 그 지갑은 비싼 게 틀림없다.
   The purse my daughter bought yesterday must be expensive. (pencil + farmer)

3. 나는 당신이 그가 사는 집을 보여주었으면 좋겠다.
   I want you to show me the house where he lives.
   (album + rabbit)

4. 나는 네가 그에게 수영하는 법을 가르치는 것을 보았다.
   I saw you teach him how to swim. (wall + vase)

5. 그 열쇠가 어디에 있는지 나에게 말해주는 거 잊지 마.
   Don't forget to tell me where the key is. (dish + key)

6. 나는 당신이 그 보물이 어디 있는지 말해주었으면 좋겠다.
   I want you to tell me where the treasure is. (album + key)

7. 그에게 싸우는 법을 가르쳐주는 것은 위험하다.
   It is dangerous to teach him how to fight. (lake + vase)

8. 나는 당신이 내게 그 산이 얼마나 높은지 말해주었으면 좋겠다.
   I want you to tell me how high the mountain is.
   (album + queen)

9. 나는 지금 막 그에게 그 건물이 얼마나 위험한지 말해주려던 참이었다.
   I'm about to tell him how dangerous the building is.
   (name + queen)

10. 제가 어제 산 그 목걸이를 그녀에게 보여줘도 괜찮을까요?
    Do you mind if I show her the necklace I bought yesterday?
    (chair + album + pencil)

11. 너 그가 지난주에 산 그 차 본 적 있어?
    Have you seen the car he bought last week? (zebra + pencil)

12. 그녀가 어디에 사는 지 그에게 말하지 말라고 했지.
    I told you not to tell him where she lives. (baby + key)

13. 그녀는 그가 어제 만난 소녀가 틀림없다.
    She must be the girl he met yesterday. (farmer + pencil)

14. 그것은 그녀가 지난 달에 산 팔찌가 틀림없다.
    It must be the bracelet she bought last month.
    (farmer 변형 + pencil)

15. 그것은 그 여자가 살고 있는 집이 틀림없다.
    It must be the house where she lives. (farmer 변형 + rabbit)

16. 너는 그 보물이 묻혀 있는 곳을 나에게 말해주는 게 좋을 거야.
    You'd better tell me the place where the treasure is buried.
    (x-ray + rabbit)

17. 그가 묵고 있는 호텔을 제가 찾아내려면 몇 시간이 걸릴 겁니다.
    It will take me a few hours to find the hotel where he stays.
    (umbrella + rabbit)

18. 어제 네가 산 그 책을 내게 보여주는 거 잊지 마.
    Don't forget to show me the book you bought yesterday.
    (dish + pencil)

19. 내가 어제 만난 그 소년이 어디 사는지 너 알아?
    Do you know where the boy I met yesterday lives?
    (key 변형 + pencil)

20. 그가 살고 있는 그 집이 무너지려고 한다.
    The house where he lives is about to collapse. (rabbit + name)

Part II

Angel We regard her as ~

두 번째 파트의 첫 번째 키워드는 **angel**,
고정 구문은 **We regard her as ~**입니다.
마더 테레사 수녀는 가난하고 고통 받는 사람의 곁에서 진정한 사랑을 실천한 분입니다. 우리는 그래서 그녀를 천사라고 부르는지 모릅니다. 그럼 이와 같은 말을 영어로 표현해 볼까요?

> **We regard her as an angel.**
> 우리는 그녀를 천사로 간주한다.

영어의 동사 중에는 이어질 목적어 뒤에 쓸 전치사가 정해져 있는 경우가 많습니다. 위의 예문처럼 regard(간주하다)는 전치사 as를 뒤에 쓰게 되어 있습니다.

blame(비난하다), thank(감사하다)는 전치사 for를
protect(보호하다), save(구하다)는 전치사 from을
turn(바꾸다), translate(번역하다)는 전치사 into를
inform(알리다), remind(상기시키다)는 전치사 of를
add(추가하다), devote(몰두하다) 는 전치사 to를
fill(채우다), mix(섞다)는 전치사 with를
쓰게 되어 있습니다. 지금 전치사들이 알파벳 순서대로 제시되고 있지요? 변형구문 장에 위 구문들에 대한 예문이 정리되어 있으니 참고하세요.

실제상황

① 우리는 그녀를 천재로 간주한다.
We regard her as a genius.

② 우리는 그를 바보로 간주한다.
We regard him as an idiot.

③ 우리는 그녀를 자원봉사자로 간주한다.
We regard her as a volunteer.

Check it out
알고 있는 단어로
명사 guide
알고 싶은 단어로
명사 saint

You deserve to ~ Bicycle

이번 키워드는 **bicycle**, 고정 구문은 **You deserve to ~**입니다.
아들이 기말시험에서 일등을 했습니다. 기분이 좋아진 아버지가 선물로 자전거를 사주십니다.

> **You deserve to receive a bicycle as you won the first place in the final exams.**
> 이번 기말시험에서 1등을 했으니 넌 자전거를 받을 자격이 있어.

〈가을의 전설 Legend of the fall〉에 보면 세 형제 중 큰형이, 남편이 집을 떠나 상심한 브래드 피트의 아내에게 이렇게 말하는 장면이 나옵니다.

> **You deserve to be happy.**
> 당신은 행복할 자격이 있어.

샤론 스톤과 레오나르도 디카프리오가 주연한 총잡이 영화 〈퀵 앤 데드 Quick and Dead〉에 보면 결투장면에서 다음과 같은 대사가 나옵니다.

> **Some people deserve to die.**
> 어떤 이는 죽어 마땅해.

이와 같이 You deserve to ~는 '너는 ~할 자격이 있어' 라는 뜻입니다.

실제상황

① 너는 휴가를 즐길 자격이 있어.
You deserve to enjoy your vacation.

② 너는 그 고급 식당을 소유할 자격이 있어.
You deserve to own the fancy restaurant.

③ 너는 그에게 복수할 자격이 있어.
You deserve to revenge him.

Check it out
알고 있는 단어로
동사 have
명사 president
형용사 proud
알고 싶은 단어로
동사 admire
명사 popularity
형용사 confident

Children | I don't like the way you ~

이번 키워드는 **children**,
고정 구문은 **I don't like the way you ~**입니다.
아무리 부부라도 생각 차이로 인해 다투는 경우가 종종 있기 마련입니다. 자녀 교육 문제는 특히 예민한 문제이기 때문에 입장 차이가 생기면 말싸움으로 커지는 경우가 잦은 편이죠. 충돌(?)이 생기는 것은 불가피한 일이지만 가능하면 차분히 대화를 통해 아쉬운 점을 푸는 것이 좋겠죠? 한 부부가 밤에 아이들을 재운 다음 마주앉아 낮의 일에 대해 이야기를 나누고 있습니다. 남편이 너무 심하게 아이들을 꾸짖는다고 생각한 아내가 남편에게 이렇게 말합니다.

> **I don't like the way you treat children.**
> 난 당신이 아이들을 다루는 방식이 맘에 안 들어.

〈로얄 테넌바움 The Royal Tenenbaums〉에 보면 다음과 같은 대사가 나옵니다.

> **I don't like the way you treat Raleigh.**
> 나는 네가 랄레이를 다루는 방식이 맘에 안 들어.

'나는 당신이 ~하는 방식이 맘에 안 들어' 라는 표현을 하려면
I don't like the way you ~로 시작하면 됩니다.

실제상황

① 나는 당신이 연설하는 방식이 맘에 안 들어.
I don't like the way you deliver a speech.
② 나는 당신이 돈을 버는 방식이 맘에 안 들어.
I don't like the way you make money.
③ 나는 당신이 영어 공부하는 방식이 맘에 안 들어.
I don't like the way you study English.

Check it out
알고 있는 단어로
동사 teach
명사 piano
알고 싶은 단어로
동사 discuss
명사 acrobat

I wish I were ~ Doctor

이번 키워드는 **doctor**, 고정 구문은 **I wish I were ~**입니다.
사랑하는 사람이 아파하는 모습을 보는 것은 고통스러운 일입니다. 차라리 대신 아프고 싶은 마음이 든다고 하지요. 병을 앓고 있는 자식을 바라보는 부모의 마음은 어떨까요? 우선은 그 병을 자신이 대신 앓았으면 좋겠다는 생각을 하시겠죠. 큰 수술을 앞둔 자식의 손을 마지막으로 잡으며 불안이 영 가시지 않는 부모님이 작은 소리로 이렇게 말하십니다.

> **I wish I were a doctor.**
> 내가 의사라면 얼마나 좋을까.

윌 스미스가 주연한 영화 〈에너미 오브 스테이트 Enemy of the State〉에 보면 모래사장에 다음과 같은 메시지가 적혀있는 장면이 나옵니다.

> **I wish you were here.**
> 당신이 여기에 있으면 좋으련만.

'내가 ~하면 좋으련만' 이라는 가정의 표현을 하려면
I wish I were ~를 사용하여 표현하면 됩니다.

> **I wish I were smart.**
> 내가 똑똑하면 얼마나 좋을까.

> **I wish I were a magician.**
> 내가 마술사라면 얼마나 좋을까.

I wish I were ~에서 was가 아닌 were를 쓴 것은 실제 사실이 아닌 가정을 나타내기 위해서라는 것을 꼭 알아두세요.

실제상황

① 내가 외교관이라면 얼마나 좋을까.
I wish I were a diplomat.

② 내가 주지사라면 얼마나 좋을까.
I wish I were a governor.

③ 내가 날씬하면 참 좋을 텐데.
I wish I were thin.

Check it out
알고 있는 단어로
명사 soccer player
형용사 rich
알고 싶은 단어로
명사 entertainer
형용사 passionate

English | I remember ~ing

이번 키워드는 **English**, 고정 구문은 **I remember ~ing**입니다.
영어 공부를 제대로 해보겠다고 결심하곤 영어 문장을 열심히 암기했던 기억이 누구나 있을 겁니다. 저는 고등학생 때 이랬었던 기억이 나네요.

> **I remember memorizing as many English sentences as possible when I was a high school student.**
> 내가 고등학생일 때 가능하면 많은 문장을 암기하려고 했던 기억이 난다.

지난 일을 기억할 때는 remember 다음에 동사의 ~ing형을 씁니다.
짐 캐리가 주연한 영화 〈마제스틱 Majestic〉에 보면 갑자기 바닷가에서 깨서 어느 낯선 마을에 간 그가 마을 사람에게 이렇게 말을 합니다.

> **I remember a dog licking my face.**
> 나는 개가 내 얼굴을 핥았던 기억이 나요.

지난 일이기 때문에 licking을 쓴 것입니다.
그런데, 앞으로의 일을 기억할 때는 remember 다음에 to 부정사를 씁니다. 〈쥬라기 공원 Jurassic Park〉에서, 쥬라기 공원에 간 여자 박사가 공룡이 아파 신음하는 것을 보고 공룡의 배설물에 손을 집어넣어 상태를 확인하는 장면이 나옵니다. 그걸 보고 옆에 있던 말콤 박사가 이렇게 말합니다.

> **You will remember to wash your hands before you eat anything.**
> 뭔가를 먹기 전에 당신 손 씻는 것을 기억해야 할 거요.

손 씻는 것은 앞으로 할 일이기에 remember 다음에 to wash를 쓴 것입니다.

실제상황

① 나는 그 문제에 대해 그녀와 상의했던 기억이 난다.
I remember discussing the matter with her.

② 나는 내 아들이 집에 늦게 들어와 꾸짖었던 기억이 난다.
I remember scolding my son for coming home late.

③ 나는 작년 여름에 뉴욕으로 여행 갔던 기억이 난다.
I remember taking a trip to New York last summer.

Check it out
알고 있는 단어로
동사 see
명사 vase
형용사 absent
알고 싶은 단어로
동사 insult
명사 embassy
형용사 arrogant

You should have ~ Father

이번 키워드는 **father**, 고정 구문은 **You should have ~**입니다.
청개구리가 평소에 부모님 말씀을 듣지 않다가 막상 돌아가시니까 슬피 운 것처럼, 우리들도 부모님이 살아 계실 때 잘 해드리지 못하면 나중에 후회하며 눈물을 흘려야 할지도 모릅니다. 옆에서 누군가 이렇게 말해 줄지도 모르겠어요.

> **You should have obeyed your father while he was alive.**
> 너는 아버님이 살아 계실 때 말을 잘 들었어야 했어.

〈웰컴 투 정글 The Rundown〉 초반에, 빌려준 돈을 받으러 다니는 주인공 스티븐 비숍이 반지를 그냥 줄래(option A), 아니면 맞고 줄래(option B) 라고 말하는 장면이 나옵니다. 그에게 대들던 녀석을 실컷 두들겨 패고 다음과 같이 말합니다.

> **You should have taken option A.**
> 당신은 A조건을 택했어야 했다.

여성 복서의 감동적인 삶을 그린 영화 〈밀리언 달러 베이비 Million Dollar Baby〉에 보면 권투로 돈을 번 그녀가 가난한 엄마에게 집을 사주었는데, 오히려 그것 때문에 정부 생활보조금을 받을 수 없게 되었다며 엄마가 야속하게 다음과 같이 말하는 장면이 나옵니다.

> **You should have asked me first.**
> 너는 먼저 나에게 물어봤어야 했어.

이와 같이 '당신은 ~했어야 했다' 라는 표현을 하려면
You should have + 과거분사, 로 표현하면 됩니다.

실제상황

① 당신은 정기적으로 신체검사를 받았어야 했어요.
You should have had a regular physical examination.

② 당신은 그들을 초대했어야 했어요.
You should have invited them.

③ 당신은 운전면허증을 갱신했어야 했어요.
You should have renewed your driver's license.

Check it out
알고 있는 단어로
동사 arrive
명사 information
형용사 serious
알고 싶은 단어로
동사 challenge
명사 scholarship
형용사 humble

Gloves I don't want to ~

이번 키워드는 **gloves**, 고정 구문은 **I don't want to ~** 입니다.
날씨가 추우면 장갑을 벗고 싶은 생각이 안 들겠죠? 그럴 때를 대비해서 알아두면 좋은 표현이에요.

> **I don't want to take off my gloves because it is too cold.**
> 날씨가 너무 추워 난 장갑을 벗고 싶지 않아.

맥 라이언과 톰 행크스가 주연한 〈시애틀의 잠 못 이루는 밤 Sleepless In Seattle〉에 보면 대화를 꺼려하는 톰 행크스에게 방송 중에 여의사가 다음과 같은 말을 합니다.

> **I don't want to invade your privacy.**
> 나는 당신의 사생활을 침해하고 싶지 않습니다.

〈프린세스 다이어리 Princess Diaries〉에 보면 평범한 학생이 갑자기 제노비아 공화국의 공주가 된다니까 자신은 공주가 되고 싶지 않다면서 다음과 같이 말하는 장면이 나옵니다.

> **I don't want to be a princess.**
> 나는 공주가 되고 싶지 않아요.

이와 같이 '나는 ~하고 싶지 않아요' 라고 말할 때는
I don't want to ~로 시작하면 됩니다.

실세상황

① 나는 대머리가 되고 싶지 않아요.
I don't want to get bald.

② 나는 외모로 사람을 판단하고 싶지 않아요.
I don't want to judge a man by his appearance.

③ 나는 그 용의자를 석방하고 싶지 않아요.
I don't want to release the suspect.

Check it out
알고 있는 단어로
동사 listen
명사 policeman
형용사 poor
알고 싶은 단어로
동사 hesitate
명사 slave
형용사 pessimistic

There is a ~ Handkerchief

이번 키워드는 **handkerchief**, 고정 구문은 **There is a ~**입니다.
막 집을 나서려는데 자상한 우리 엄마가 잊지 않고 손수건을 챙겨주십니다.

> **There is a handkerchief on the table.**
> 탁자 위에 손수건 있다.

〈슈렉 Shrek〉에서, 피오나 공주가 '메트릭스'의 동작을 패러디하여 산적들을 물리치고 나선, 슈렉을 보고 이렇게 말하는 장면이 나옵니다.

> **There is an arrow on your butt.**
> 엉덩이에 화살이 하나 꽂혀 있군요.

〈이집트 왕자 The Prince of Egypt〉의 초반부에 보면 모세가 다음과 같이 말하는 장면이 나옵니다.

> **There is a man tied up in my room.**
> 내 방에 묶여 있는 사람이 있어요.

이와 같이 '~에 ~가 있다'를 표현할 때는 There is a ~로 시작하면 됩니다.

실제상황

① 그 건물 뒤에 대사관이 있다.
There is an embassy behind the building.

② 그 초등학교 앞에 주유소가 있다.
There is a gas station in front of the elementary school.

③ 책상 밑에 어린 고양이가 있다.
There is a kitten under the desk.

Check it out
알고 있는 단어로
명사 desk
알고 싶은 단어로
명사 calculator

Ink I feel like ~ing

이번 키워드는 **ink**, 고정 구문은 **I feel like ~ing**입니다.

가끔 파란 잉크로 글을 쓰고 싶은 마음이 들 때가 있지 않았나요? 옛날엔 만년필이나 펜촉을 많이 사용했는데 요즘은 번거로워서 그런 것 잘 쓰지 않죠?

> **I feel like writing a composition on global warming in blue ink today.**
> 나는 오늘 파란 잉크로 지구온난화에 대한 작문을 하고 싶은 기분이 든다.

〈포레스트 검프 Forrest Gump〉에 보면, 톰 행크스가 계속해서 달리자 기자 한 명이 왜 달리냐고 묻죠. 그는 이렇게 대답합니다.

> **I just feel like running.**
> 그냥 달리고 싶어서요.

〈물랑 루즈 Moulin Rouge〉에 보면 니콜 키드만이 그녀와 밀회를 즐기러 온 공작에게 다음과 같이 말하는 장면이 나옵니다.

> **I feel like dancing.**
> 나는 춤추고 싶은 기분이 들어요.

이와 같이 '나는 ~하고 싶은 기분이 들어요'는 **I feel like ~ing**로 시작하면 됩니다.

실제상황

① 나는 포기하고 싶은 기분이 든다.
I feel like giving up.

② 나는 드라이브 가고 싶은 생각이 든다.
I feel like going for a drive.

③ 나는 토하고 싶은 기분이 든다.
I feel like throwing up.

Check it out
알고 있는 단어로
동사 take
명사 toy
알고 싶은 단어로
동사 register
명사 beard

If I were you, I would ~ | Job

이번 키워드는 **job**, 고정 구문은 **If I were you, I would ~** 입니다.
다니고 있는 직장에서 월급도 제대로 안 나오고 상사가 자꾸 힘들게 하면 친구가 이렇게 말하겠죠.

> **If I were you, I would quit the job and find another one.**
> 내가 너라면 그 직장 그만두고 다른 일 알아볼 텐데.

전직 대통령 부인과 경호원 간에 사사건건 벌어지는 충돌을 그린 〈퍼스트 레이디 경호원 Guarding Tess〉에 보면, 골프공을 회수해 오라는 퍼스트 레이디의 말에 경호원인 니콜라스 케이지가 그런 시시한 일 따위는 하지 않겠다고 대꾸하자 퍼스트 레이디인 셜리 맥클레인이 화가 나서 다음과 같이 말하는 장면이 나옵니다.

> **I would be very careful if I were you.**
> 내가 자네라면 말을 조심할 텐데.

'내가 너라면 난 ~할 텐데'를 표현하려면
If I were you, I would ~로 시작하면 됩니다.
물론 위의 영화 대사처럼 I would ~ if I were you.라고 해도 됩니다.

실제상황

① 내가 너라면 그의 제안을 받아들일 텐데.
  If I were you, I would accept his suggestion.
② 내가 너라면 그 보석을 고를 텐데.
  If I were you, I would choose the jewel.
③ 내가 너라면 담배를 끊을 텐데.
  If I were you, I would quit smoking.

Check it out
알고 있는 단어로
동사 invite
명사 advice
형용사 active
알고 싶은 단어로
동사 punish
명사 vacuum cleaner
형용사 considerate

Kite I'm here to ~

이번 키워드는 **kite**, 고정 구문은 **I'm here to ~** 입니다.
지금은 많이 바뀌었지만 대보름날 쥐불놀이와 연날리기 등은 우리의 고유풍습이었죠. 둥실 떠오른 보름달을 보며 소원을 빌기도 했구요. 새해 첫날에 연을 날리러 언덕엘 올라갔는데 외국인 하나가 신기한 듯 물어오면 뭐라고 할까요?

> **I'm here to make a wish for the year, flying a kite.**
> 난 연을 날리며 새해 소원을 빌러 여기에 왔다.

〈미이라 Mummy〉의 앞부분에 보면 황금 유물이 있는 하무랍트라로 가는 배에 올라타는 탐험가 중 한 사람이 다음과 같이 말하는 장면이 나옵니다.

> **I'm here to protect my investment.**
> 나는 내가 투자한 것을 지키러 여기 왔다.

〈위험한 대결 A Series of Unfortunate Events〉에서는 화재로 부모를 잃은 세 아이의 대리인이 되어 아이들의 유산을 차지하려는 짐 캐리가, 변장한 모습으로 아이들 앞에 다시 나타나서는 이렇게 말하는 장면이 있습니다.

> **I'm here to assist him in his research.**
> 나는 그의 연구를 도우려고 여기에 왔다.

이와 같이 '나는 ~하러 여기에 왔다' 라는 표현은 **I'm here to ~** 로 시작하면 됩니다.

실제상황

① 나는 쓰레기통을 비우러 여기에 왔다.
  I'm here to empty the trash bin.
② 나는 인공호흡을 배우러 여기에 왔다.
  I'm here to learn artificial respiration.
③ 나는 그 나무의 높이를 재러 여기 왔다.
  I'm here to measure the height of the tree.

Check it out
알고 있는 단어로
동사 smoke
명사 picture
형용사 healthy
알고 싶은 단어로
동사 protect
명사 ladder
형용사 comfortable

The ~ tastes ~ Lemon

이번 키워드는 **lemon**, 고정 구문은 **The ~ tastes ~**입니다.

꽤 오래 전에 한번은 외국인이 대접해준 요리를 먹을 기회가 있었는데, 너무나 짜고 매운 음식이었어요. 그런데 그 맛을 뭐라고 표현하지 못해 답답했던 기억이 나네요. 바로 맛을 표현하는 구문이 생각이 나질 않아서였지요. 또 한번은 어느 과수원에서 레몬을 맛보았는데, 시고 상큼한 맛에 너무 기분이 좋아서 과수원 주인에게 한마디 건네고 싶었지만, 또 이 구문이 생각이 나질 않아 꿀 먹은 벙어리가 됐었지요. 어, 이렇게 말하고 나니 갑자기 꿀차를 마시고 싶네요.

> **The lemon tastes sour.**
> 이 레몬은 신맛이 난다.

어떤 음식의 맛을 표현할 때는 위의 문장처럼 The + 명사 tastes + 형용사, 구문을 사용하면 됩니다.

실제상황

① 그 음식은 맛이 싱겁다
   The food tastes bland.
② 그 약은 맛이 쓰다.
   The medicine tastes bitter.
③ 그 수프는 짠 맛이 난다.
   The soup tastes salty.

Check it out
알고 있는 단어로
명사 food
형용사 bad
알고 싶은 단어로
명사 persimmon
형용사 spicy

Milk Promise me that you will ~

이번 키워드는 **milk**, 고정 구문은 **Promise me that you will ~**입니다. 어린아이가 우유를 마시다 자꾸 바닥에 흘리면 엄마가 이렇게 주의를 줄 수 있겠죠.

Promise me that you will be careful when you drink milk.
우유 마실 때 조심하겠다고 내게 약속해.

재기 넘치는 팀 버튼 감독이 만든 〈빅 피쉬 Big Fish〉에 보면 이완 맥그리거가 낙원 같은 마을에 머물다가 그 곳을 떠나려고 할 때 어린 소녀가 그에게 이렇게 말하는 장면이 나옵니다.

Promise me that you will come back.
돌아오겠다고 내게 약속해줘요.

열두 명의 아이들 때문에 골치를 썩는 미식축구 감독 아버지의 이야기를 재미있게 다룬 영화 〈열두 명의 웬수들 Cheaper by the dozen〉에 보면 아이들을 돌보기 힘들면 꼭 이야기하라고 다음과 같이 당부하는 장면이 나옵니다.

Promise me that you will let me know you couldn't handle it.
당신이 그것을 다룰 수 없다면 내게 알려주겠다고 약속해줘요.

이와 같이 '당신이 ~할 거라고 내게 약속해줘요'는,
Promise me that you will ~로 시작하면 됩니다.

실제상황

① 당신이 내 의견에 동의할 거라고 약속해줘요.
Promise me that you will agree to my opinion.

② 내 아내가 되어주겠다고 약속해줘요.
Promise me that you will be my wife.

③ 도시로 이사 가겠다고 약속해줘요.
Promise me that you will move to the urban town.

Check it out
알고 있는 단어로
동사 smoke
명사 scientist
형용사 diligent

알고 싶은 단어로
동사 donate
명사 scholar
형용사 prudent

How long have you been ~ing **Newspaper**

이번 키워드는 **newspaper**,
고정 구문은 **How long have you been ~ing**입니다.
황우석 교수 사건처럼 놀랄 만한 일이 벌어져서 뚫어지게 그 기사를 쳐다보고 있으면 옆에 있던 친구가 묻겠죠?

> **How long have you been reading the newspaper?**
> 너 얼마 동안 그 신문 읽고 있는 거야?

아놀드 슈워츠제네거가 주연한 〈유치원에 간 사나이 Kindergarten Cop〉에 보면, 함께 식사하던 유치원 여교사가 슈워츠제네거에게 이렇게 묻는 장면이 나옵니다.

> **How long have you been teaching in kindergarten?**
> 유치원에서 얼마 동안 가르쳤나요?

여전사의 활약을 그린 〈엘렉트라 Elektra〉에서는, 암살 임무를 기다리며 바닷가를 바라보고 있던 엘렉트라가 한 소녀가 뒤에 있는 것을 감지하고 이렇게 묻는 장면이 나옵니다.

> **How long have you been staying there?**
> 거기 얼마 동안 있었던 거야?

이와 같이 '넌 얼마 동안 ~하고 있는 거야?'라고 물어볼 때는 How long have you been ~ing로 시작하면 됩니다.

실제상황

① 너 얼마동안 숙제하고 있는 거야?
   How long have you been doing your homework?

② 너 그 자전거 얼마동안 타고 있는 거야?
   How long have you been riding the bike?

③ 너 그 비디오 얼마동안 보고 있는 거야?
   How long have you been watching the video?

Check it out
알고 있는 단어로
동사 know
명사 French
형용사 sick

알고 싶은 단어로
동사 observe
명사 cathedral
형용사 painful

Office | I'll take you to ~

이번 키워드는 **office**, 고정 구문은 **I'll take you to ~**입니다.

학교에서 나와 집으로 돌아갈 참인데 직장생활을 하고 있는 친구를 오랜만에 만났습니다. 일찍 진로를 정해서 동기들보다 먼저 직장생활을 시작한 친구지요. 어떻게 지내고 있는지 궁금해하던 터라 친구와의 우연한 만남이 무척 반가웠습니다. 오늘은 근처에 볼일을 보러 나온 모양입니다. 그런데 마침 친구의 직장과 저의 집이 같은 방향이었어요. 그간 어떻게 지냈는지 얘기도 할 겸 해서 친구에게 이렇게 말했습니다.

> **I'll take you to the office on my way home.**
> 집에 가는 길에 내가 너를 사무실에 데려다줄게.

'내가 너를 ~로 데려다줄게' 라는 표현은 I'll take you to the + 장소, 로 표현하면 됩니다.

실제상황

① 역에 가는 길에 너를 아파트에 데려다 줄게.
   I'll take you to the apartment on my way to the station.

② 공항 가는 길에 내가 너를 병원에 데려다 줄게.
   I'll take you to the hospital on my way to the airport.

③ 집에 가는 길에 너를 주차장에 데려다 줄게.
   I'll take you to the parking lot on my way home.

Check it out
알고 있는 단어로
명사 store
알고 싶은 단어로
명사 laboratory

There are few people who ~ | people

이번 키워드는 **people**,
고정 구문은 **There are few people who~** 입니다.
앞으로 어떤 일이 일어날지 알 수 있는 사람은 거의 없지요. 한 치 앞을 볼 수 없는 게 인생이라고 하잖아요. 그래서 이렇게 말하게 되는 때가 종종 있는 듯 합니다.

> **There are few people who can predict what will happen in the future.**
> 미래에 어떤 일이 벌어질지 알 수 있는 사람은 거의 없다.

레오나르도 디카프리오가 주연한 〈비치 Beach〉에 보면 신비의 섬에 대한 이야기를 하면서 다음과 같이 말하는 장면이 나옵니다.

There are few people who exactly know where it is.
그것이 어디에 있는지 정확히 아는 사람은 거의 없다.

이와 같이 '~하는 사람들은 거의 없다' 라는 표현은 There are few people who ~로 시작하면 됩니다.

실제상황

① 그 산에 올라갈 수 있는 사람은 거의 없다.
There are few people who can climb the mountain.

② 그 복잡한 수학 문제를 풀 수 있는 사람은 거의 없다.
There are few people who can solve the complicated math questions.

③ 복권에 당첨되는 사람은 거의 없다.
There are few people who win the lottery.

Check it out
알고 있는 단어로
동사 understand
명사 problem
알고 싶은 단어로
동사 excel
명사 fortress

Question | I found it difficult to ~

이번 키워드는 **question**, 고정 구문은 **I found it difficult to ~**입니다. 너무 어려운 질문을 받았을 때는 답변하기 곤란하죠. 질문의 요지를 잘 파악하지 못한 채 대답을 하다보면 적절한 말을 못하고 횡설수설하게 되기도 하고요. 그래서 질문이 너무 어려울 때는 솔직하게 모르겠다고 털어놓는 게 낫겠죠? 예전에 어느 중요한 면접에서 잘 모르는 분야의 질문을 받고 당황스러웠던 적이 있습니다. 식은땀을 흘리다가 저는 이렇게 말했었죠.

> **I found it difficult to find a solution to the question.**
> 나는 그 질문에 대한 해답을 찾는 것이 어렵다는 것을 알았다.

'나는 ~하는 것이 어렵다는 것을 알았다' 라는 표현을 할 때는, I found it difficult to ~로 시작하면 됩니다.

실제상황

① 나는 그 대통령을 암살하는 것이 어렵다는 것을 알았다.
I found it difficult to assassinate the president.

② 나는 나쁜 습관을 없애는 것이 어렵다는 것을 알았다.
I found it difficult to eliminate bad habits.

③ 나는 그녀에게 진실을 말하는 것이 어렵다는 것을 알았다.
I found it difficult to tell her the truth.

Check it out
알알고 있는 단어로
동사 lie
명사 father
알고 싶은 단어로
동사 extend
명사 priest

Thank you for ~ing — Refrigerator

이번 키워드는 **refrigerator**, 고정 구문은 **Thank you for ~ing** 입니다.
냉장고가 고장나서 수리 기사님을 불러 고쳤어요. 이제 냉장고가 잘 작동하네요. 음식들도 무사하고요. 그래서 수리 기사님에게 이렇게 말했습니다.

Thank you for fixing the refrigerator.
냉장고를 고쳐줘서 고맙습니다.

〈흑기사 Black Knight〉에 보면, 중세로 돌아간 주인공이 호숫가에서 걸인처럼 살아가는 사람에게 이렇게 말하는 장면이 나옵니다.

Thank you for inviting me to this place.
나를 이곳에 초대해줘서 고마워요.

〈007 네버 다이 007 Never Die〉에 보면 제임스 본드 역을 한 피어스 브로스넌과 양자경이 공교롭게도 같이 물벼락을 맞는 장면이 나옵니다. 이때 양자경이 다음과 같이 말하죠.

Thank you for washing my hair.
내 머리 감겨줘서 고마워요.

이와 같이 '~해줘서 고마워요'라는 표현은 Thank you for ~ing로 시작하면 됩니다.

실제상황

① 구독을 연장해주셔서 감사합니다.
Thank you for extending your subscription.
② 제 목숨을 구해주셔서 감사합니다.
Thank you for saving my life.
③ 저를 지지해줘서 감사합니다.
Thank you for supporting me.

Check it out
알고 있는 단어로
동사 answer
명사 morning
알고 싶은 단어로
동사 encourage
명사 definition

111

Sea I don't think he is ~

이번 키워드는 **sea**, 고정 구문은 **I don't think he is ~**입니다.
바다에 어린아이가 빠진 급박한 순간, 심지어 구조요원이라도 바다에 뛰어드는 순간에는 공포를 느낀다고 하더군요. 물에 빠진 사람을 건져내는 일은 정말 어려운 일이죠. 평소 터프한 모습을 너무 많이 보여줬더니 내 여자친구가 나를 이렇게 생각해주네요.

> **I don't think he is afraid of rescuing the drowning child in the sea.**
> 나는 그가 바다에서 물에 빠진 어린아이를 구조하는 것을 두려워할 거라고 생각하지 않아.

〈애널라이즈 댓 Analyze That〉에 보면 정신과 의사가 감옥에 수감된 마피아를 두고 위험한 상태가 아니라고 말하는 장면이 나옵니다.

I don't think he is dangerous.
그는 위험한 것 같지 않아요.

〈어바웃 슈미트 About Schmit〉에 보면 결혼할 딸의 안사돈이 자신에게 추근대자 잭 니콜슨이 다음과 같이 말합니다.

I don't think this is a good idea.
이건 좋은 생각 같지 않군요.

'나는 그가 ~라고 생각하지 않아요' 라는 표현은 I don't think he is ~로 시작합니다. he is 다음에 형용사나 명사를 쓰면 됩니다.

실세상황

① 나는 그가 복숭아에 알레르기가 있다고 생각하지 않아.
I don't think he is allergic to peaches.
② 나는 그가 네 도움을 고마워할 거라고 생각하지 않아.
I don't think he is grateful for your help.
③ 나는 그가 위선자라고 생각하지 않아.
I don't think he is a hypocrite.

Check it out
알고 있는 단어로
형용사 smart
알고 싶은 단어로
형용사 faithful

This is the only way to ~ — Theater

이번 키워드는 **theater**, 고정 구문은 **This is the only way to ~**입니다. 극장에서 화재가 나면 대형사고가 나겠죠. 사람은 사고가 터지면 일단 당황하기 마련이라 판단력도 흐려지곤 해요. 그러나 그럴수록 정신을 가다듬고 최선의 방법을 찾아야만 합니다. 만약 극장과 같이 사람들이 밀집된 닫힌 공간에서 화재가 난다면 가장 우선적으로 해야 할 것이 무엇일까요. 모두의 안전을 위해 가장 중요한 것은 침착하게 질서를 지키는 것이겠죠?

> **This is the only way to evacuate from the theater in case there is a fire.**
> 이것이 화재가 났을 경우에 극장에서 대피할 수 있는 유일한 방법입니다.

'이것이 ~할 수 있는 유일한 방법이야' 라는 표현은
This is the only way to ~로 시작하면 됩니다.

실제상황

① 이것이 너를 그곳에서 꺼낼 수 있는 유일한 방법이야.
 This is the only way to get you out of there.
② 이것이 병에서 회복될 수 있는 유일한 방법이야.
 This is the only way to recover from illness.
③ 이것이 그 공주를 유혹할 수 있는 유일한 방법이야.
 This is the only way to seduce the princess.

Check it out
알고 있는 단어로
동사 save
명사 habit
알고 싶은 단어로
동사 release
명사 labyrinth

Uncle   There is no evidence that he ~

이번 키워드는 **uncle**,
고정 구문은 **There is no evidence that he ~**입니다.
신문 사회면에 날 뉴스인데, 자식이 없는 삼촌을 죽이고 유산을 물려받으려는 혐의를 받고 있는 조카가 있다고 생각해보세요. 그런데 조사해본 결과 그런 증거는 없다며 경찰이 이렇게 발표하네요.

> **There is no evidence that
> he murdered his uncle to inherit a large fortune.**
> 그가 큰 재산을 물려받기 위하여 그의 삼촌을 살해했다는 증거는 없다.

컴퓨터로 합성한 여배우를 이용해 재기하려는 영화감독의 이야기를 그린 영화 〈시몬 Simone〉에 보면 아무리 조사해도 여배우가 거주지에서 움직인 사실이 없자 형사가 다음과 같이 말하는 장면이 나옵니다.

There is no evidence that she has ever left the studio.
그녀가 스튜디오를 떠난 적이 있다는 증거는 없습니다.

'그가 ~한 증거는 없다' 라는 표현은 There is no evidence that he ~로 표현하면 됩니다.

실제상황

① 그가 그 아이를 납치했다는 증거는 없다.
There is no evidence that he abducted the kid.

② 그가 공금을 횡령했다는 증거는 없다.
There is no evidence that he embezzled the public funds.

③ 그가 내 돈을 훔쳤다는 증거는 없다.
There is no evidence that he stole my money.

Check it out
알고 있는 단어로
동사 kill
명사 letter
형용사 better
알고 싶은 단어로
동사 smuggle
명사 bribe
형용사 sane

You are not supposed to ~ | Video

이번 키워드는 **video**, 고정 구문은 **You are not supposed to ~**입니다. 비디오 가게에서 어린아이가 미성년자 관람불가 비디오를 보려고 하면 비디오 가게 주인이 이렇게 말할 수 있겠죠?

> **You are not supposed to watch the video because it has lots of violent scenes.**
> 이 비디오는 폭력적인 장면이 많아서 넌 보면 안 돼.

〈코요테 어글리 Coyote Ugly〉에 보면 스텐드바 위로 올라오지 말라고 다음과 같이 말하는 장면이 나옵니다.

> **You are not supposed to be up here.**
> 이 위로 올라오면 안 되잖아.

〈쇼 타임 Showtime〉에서는, 사건 현장에서 에디 머피가 뭔가를 만지자 여자 감식원이 다음과 같이 한마디하는 장면이 나옵니다.

> **You are not supposed to be touching anything.**
> 당신은 아무것도 만지면 안 돼요.

이와 같이 '너는 ~하면 안 되잖아'라는 표현은, You are not supposed to ~로 시작하면 됩니다.

실제상황

① 넌 여기 쓰레기 버리면 안 되잖아.
   You are not supposed to throw away garbage here.

② 당신은 죄수를 고문하면 안 되잖아요.
   You are not supposed to torture the prisoner.

③ 당신은 규칙을 위반하면 안 되잖아요.
   You are not supposed to violate the regulations.

Check it out
알고 있는 단어로
동사 forgive
명사 name
알고 싶은 단어로
동사 disclose
동사 exclude

Weekend Let's go ~

이번 키워드는 **weekend**, 고정 구문은 **Let's go ~**입니다.
친구들과 주말을 함께 보내기로 했습니다. 친구들과 같이 할 뭔가 신나는 일을 찾아봐야겠죠?

> **Let's go find something to do this weekend.**
> 가서 이번 주말에 할 일을 찾아보자.

미국 독립선언문을 둘러싸고 박진감 넘치는 긴장이 펼쳐지는 영화 〈내셔널 트레져 National Treasure〉에 보면 난파된 배를 어렵게 찾아낸 후 다음과 같은 대사가 나옵니다.

Let's go find some treasures.
가서 보물을 찾자.

〈스파이 키드 2 Spy Kid 2〉에 보면 자매가 나누는 대화 중에 섬을 살펴보자며 다음과 같이 말하는 장면이 나옵니다.

Let's go check out the island.
가서 섬을 살펴보자.

이와 같이 '가서 ~하자' 라는 표현은 **Let's go + 동사,** 를 쓰면 됩니다.

실제상황

① 가서 그에게 무슨 일이 일어났는지 설명해주자.
Let's go explain to him what happened.

② 가서 그를 잡아오자.
Let's go get him.

③ 가서 그를 놀려주자.
Let's go make fun of him.

Check it out
알고 있는 단어로
동사 find
명사 baseball
알고 싶은 단어로
동사 arrest
명사 policy

I used to ~ | Xylophone

이번 키워드는 **xylophone**, 고정 구문은 **I used to ~** 입니다.
어렸을 때는 누구나 초등학교에서 트라이앵글이나 캐스터네츠, 실로폰을 연주해 봤을 겁니다. 그렇지만 커서는 거의 칠 일이 없죠. 예전에 이런 악기들을 자주 다뤄봤다는 표현을 영어로 해볼까요?

> **I used to play the xylophone when I was young.**
> 어렸을 때 난 실로폰을 치곤 했어.

〈어바웃 슈미트 About Schmit〉에서, 결혼을 앞둔 딸에게 아버지가 자신이 어렸을 때 살았던 곳을 말해주면서 다음과 같이 말합니다.

> **I used to live here.**
> 난 여기 살았었지.

〈굿 윌 헌팅 Good Will Hunting〉에 보면, 로빈 윌리엄스가 수학에 천재적인 소질을 가졌지만 세상에 대해 공격적인 맷 데이먼을 심리치료 하면서 다음과 같은 말을 하는 장면이 나옵니다.

> **My wife used to fart when she was nervous.**
> 내 아내는 긴장하면 방귀를 뀌곤 했지.

이와 같이 '나는 ~하곤 했다' 라는 표현은 **I used to ~**로 표현하면 됩니다.

실제상황

① 나는 과거에 승려였다.
   I used to be a monk.
② 그는 저녁 식사 후에는 산책을 하곤 했다.
   He used to take a walk after dinner.
③ 그녀는 2년마다 한 번씩 세계일주를 하곤 했다.
   She used to travel around the world every two years.

Check it out
알고 있는 단어로
동사 visit
명사 writer
알고 싶은 단어로
동사 blame
명사 nun

Year You look much ~

이번 키워드는 **year**, 고정 구문은 **You look much ~** 입니다.
예쁘게 자란 조카를 오랜만에 만났을 때, 또는 해가 바뀌어 만난 여자친구에게 이렇게 말할 수 있겠죠?

> **You look much more beautiful this year.**
> 넌 올해 훨씬 더 예뻐 보이는구나.

'너는 ~해 보인다' 는 You look~ 으로 표현하면 됩니다.

〈흑기사 Black Knight〉에 보면 목걸이를 잡은 순간 중세로 돌아갔다가 그곳에서 만난 빅토리아라는 여자를 현실로 돌아와 다시 봤을 때 그 여자가 흑기사였던 남자를 보고 이렇게 말합니다.

> **You look familiar.**
> 어디서 많이 본 듯하네요.

You look 다음에 much를 쓰고 비교급을 쓰면,
much는 '훨씬' 이라는 뜻을 가지게 됩니다.

실제상황

① 당신은 훨씬 더 지적으로 보이는군요.
   You look much more intelligent.
② 당신은 훨씬 더 예뻐 보이는군요.
   You look much prettier.
③ 당신은 훨씬 더 커 보이는군요.
   You look much taller.

Check it out
알고 있는 단어로
형용사 **weak**
알고 싶은 단어로
형용사 **mature**

That's why he ~   Zero

이번 키워드는 **zero**, 고정 구문은 **That's why he ~**입니다.

올 겨울은 유난히 춥습니다. 밤이면 영하 10도 이하로 떨어지는 날이 거진 태반입니다. 동기 직원이 그런 겨울날 몸도 좋지 않은데 퇴근도 못하고 늦게까지 남아 일을 한 걸 알고 안돼 보였습니다. 다음날까지 꼭 제출해야 할 리포트가 있었던 거지요. 먹고사는 일이 뭔지….

> **That's why he worked late into the night even though the temperature was ten degrees below zero.**
> 그것이 바로 기온이 영하 10도로 떨어졌음에도 그가 밤늦게까지 일한 이유다.

귀여운 여인 맥 라이언이 주연한 〈프렌치 키스 French Kiss〉에 보면 비행기에서 우연히 만난 케빈 클라인이 맥 라이언의 연애에 대해 이렇게 충고하는 장면이 나옵니다.

> **That's why he hates you.**
> 그게 바로 그가 당신을 싫어하는 이유야.

〈맨 인 블랙 2 Men in black 2〉에서 새로운 외계인의 침입으로 위기에 처한 지구를 구하기 위해 우체국장으로 일하는 옛 동료인 타미 리 존스를 찾아간 윌 스미스가 다음과 같이 말하는 장면이 나옵니다.

> **That's why your wife left you.**
> 그게 바로 당신 아내가 당신을 떠난 이유입니다.

이와 같이 '그게 바로 그가 ~한 이유이다'라는 표현은 **That's why he ~**로 시작하면 됩니다.

실제상황

① 그게 바로 그가 시험에 떨어진 이유다.
  That's why he failed the exam.
② 그게 바로 그가 역사시험에서 낙제한 이유다.
  That's why he flunked the history exam.
③ 그게 바로 그가 학교에서 정학당한 이유다.
  That's why he was suspended from school.

Check it out
알고 있는 단어로
동사 kill
명사 river
형용사 ill
알고 싶은 단어로
동사 ascribe
명사 shrine
형용사 popular

Part I · II 52개 키워드 문장 총 정리

album ＿ I want you to show me the album.
angel ＿ We regard her as an angel.
baby ＿ I told you not to make the baby cry.
bicycle ＿ You deserve to receive a bicycle as you won the first place in the final exams.
chair ＿ Do you mind if I borrow the chair?
children ＿ I don't like the way you treat children.
dish ＿ Don't forget to wash the dishes before you go out.
doctor ＿ I wish I were a doctor.
elevator ＿ Why don't you take the elevator?
English ＿ I remember memorizing as many English sentences as possible when I was a high school student.
farmer ＿ You must be a farmer.
father ＿ You should have obeyed your father while he was alive.
game ＿ I'm ready to play the computer game.
gloves ＿ I don't want to take off my gloves because it is too cold.
hair ＿ What happened to your hair?
handkerchief ＿ There is a handkerchief on the table.
ice ＿ You are not allowed to sled on the thin ice.
ink ＿ I feel like writing a composition on global warming in blue ink today.
jean ＿ What kind of jeans do you like?
job ＿ If I were you, I would quit the job and find another one.
key ＿ I know where the key is.
kite ＿ I'm here to make a wish for the year, flying a kite.
lake ＿ It is dangerous to cross the lake without using a boat.
lemon ＿ The lemon tastes sour.
magazine ＿ What is your favorite magazine?
milk ＿ Promise me that you will be careful when you drink milk.
name ＿ I am about to write my name on the application form.
newspaper ＿ How long have you been reading the newspaper?
oasis ＿ He has little chance of finding an oasis in the middle of the desert.

office __ I'll take you to the office on my way home.

pencil __ This is the pencil I want to buy.

people __ There are few people who can predict what will happen in the future.

queen __ I know how elegant the queen is.

question __ I found it difficult to find a solution to the question.

rabbit __ This is the place where I will catch rabbits.

refrigerator __ Thank you for fixing the refrigerator.

school __ You don't have to go to school.

sea __ I don't think he is afraid of rescuing the drowning child in the sea.

teeth __ When did you brush your teeth?

theater __ This is the only way to evacuate from the theater in case there is a fire.

umbrella __ It will take you a few hours to get your umbrella back from the lost and found.

uncle __ There is no evidence that he murdered his uncle to inherit a large fortune.

vase __ I don't know how to arrange flowers in the vase.

video __ You are not supposed to watch the video because it has lots of violent scenes.

wall __ I saw you lean against the wall and have a conversation with someone.

weekend __ Let's go find something to do this weekend.

x-ray __ You'd better have your ankle x-rayed in the hospital.

xylophone __ I used to play the xylophone when I was young.

yacht __ I can't keep sailing by yacht anymore because I'm too exhausted.

year __ You look much more beautiful this year.

zebra __ Have you seen the zebra?

zero __ That's why he worked late into the night even though the temperature was ten degrees below zero.

Part I · II 52개 키워드 문장 대상 표현결합

1. 우리는 그를 농부로 간주한다.
   We regard him as a farmer. (angel + farmer)

2. 나는 어젯밤 택시를 탄 기억이 난다.
   I remember taking the taxi last night. (English + elevator)

3. 나는 네가 집에 가는 길에 나를 사무실에 데려다주었으면 좋겠다.
   I want you to take me to the office on your way home.
   (album + office)

4. 나는 네가 이 닦는 방식이 맘에 들지 않는다.
   I don't like the way you brush your teeth. (children + teeth)

5. 그 아기를 웃게 하는 것이 어렵다는 것을 나는 알았다.
   I found it difficult to make the baby smile.
   (question + baby)

6. 자기 전에 이 닦겠다고 약속해줘.

   Promise me that you will brush your teeth before you go to bed. (milk + teeth)

7. 내가 여왕이라면 얼마나 좋을까.

   I wish I were a queen. (doctor + queen)

8. 나는 네가 연 날리는 것을 봤다.

   I saw you fly a kite. (wall + kite)

9. 얼마나 오랫동안 그 냉장고를 고치고 있는 건가요?

   How long have you been fixing the refrigerator?
   (newspaper + refrigerator)

10. 나에게 그 앨범을 보여줘서 고마워요.

    Thank you for showing me the album. (refrigerator + album)

11. 이것이 그 질문에 대한 해답을 찾는 유일한 방법이다.

    This is the only way to find a solution to the question.
    (theater + question)

12. 나는 너를 사무실에 데려다주러 여기에 왔다.

    I'm here to take you to the office. (kite + office)

13. 나는 오늘밤 설거지하고 싶지 않다.

    I don't want to wash the dishes tonight. (gloves + dish)

14. 너는 그 당시에 좀더 조심했어야 했어.

    You should have been more careful at that time.
    (father + milk)

15. 그게 바로 그가 삼촌을 살해한 이유다.

    That's why he murdered his uncle. (zero + uncle)

16. 그 문제가 훨씬 더 어려워 보인다.

    The question looks much more difficult. (question + year)

17. 그 문제에 대한 답을 찾을 수 있는 사람은 거의 없다.

    **There are few people who can find
    a solution to the question.** (people + question)

18. 내가 너라면 가능하면 많은 영어 문장을 암기할 텐데.

    **If I were you, I would memorize as many
    English sentences as possible.** (job + English)

19. 나를 사무실에 데려다줘서 고마워.

    Thank you for taking me to the office. (refrigerator + office)

20. 나는 오늘 학교 가고 싶은 기분이 들지 않는다.

    I don't feel like going to school today. (ink + school)

Part I · II 52개 키워드 문장 대상 구조결합

자, 이제 Part I · II의 52개 문장으로 구조결합 문장을 만들어볼까요.
구조결합 문장의 예를 하나 봅시다.
'그게 바로 네가 시험에 합격하기를 내가 원하는 이유야' 라는 문장을 영어로 말한다고 생각해볼까요.
그럼 '그게 바로 ~한 이유야' 는 That's why의 구조를 앞에 배치하고,
'네가 ~하기를 내가 원해' 는 I want you to ~를 활용하면 되겠죠.
그럼 위 문장은 다음과 같이 영어로 쉽게 만들 수 있습니다.

That's why I want you to pass the exam.

즉, 키워드 zero와 album의 문장의 구조가 결합된 겁니다. 〈애니멀 Animal〉에 보면, 실제 위 문장과 구조가 같은 다음과 같은 대사가 나옵니다.

That's why I want you to stay here.
그게 바로 네가 여기에 있으면 좋겠다고 내가 바라는 이유야.

하나 더 예를 들어 볼까요. '그녀는 내가 그녀를 병원에 데려다주길 원해' 라는 문장을 영어로 옮겨 볼까요.
우선 '그녀는 내가 ~하기를 원해' 는 album의 키워드 문장을 변형시켜서 She wants me to~ 가 됩니다. 그리고 '~를 ~로 데려다주다' 는 office의 키워드 문장을 변형하여 take her to the hospital 을 얻게 됩니다. 이 두 구조를 합치면 다음과 같은 문장이 됩니다.

She wants me to take her to the hospital.

〈카리브해의 해적 Pirates of Carribean〉에서는, 해적에게 잡혀간 총독의 딸이 해적선 선장을 만나기를 요구하자 해적 중의 한 사람이 다음과 같이 말하는 장면이 나옵니다.

She wants me to take her to the captain.
그녀는 내가 그녀를 선장에게 데려다주길 원해.

52개의 키워드 문장으로 다양한 구조결합 문장을 만들어 봅시다. 다음 문장들을 참조하세요.

1. 나는 네가 집에 가는 길에 나를 그녀가 사는 집에 데려다주었으면 좋겠다.
   I want you to take me to the house where she lives on your way home. (album + office + rabbit)

2. 나는 너에게 그 보물이 어디에 있는지 말해준 기억이 난다.
   I remember telling you where the treasure is. (English + key)

3. 수영하는 법 가르쳐 줘서 고맙습니다.
   Thank you for teaching me how to swim. (refrigerator + vase)

4. 너는 그에게 네가 돈 버는 방법을 말할 필요가 없다.
   You don't have to tell him the way you make money. (school + children)

5. 이것이 그에게 춤추는 법을 가르칠 수 있는 유일한 방법이다.
   This is the only way to teach him how to dance. (theater + vase)

6. 나는 직장에 가는 길에 그녀가 일하는 약국에 데려다주곤 했다.
   I used to take her to the drugstore where she works on my way to work. (xylophone + office + rabbit)

7. 나를 너의 수호천사로 간주해줘서 고마워.
   Thank you for regarding me as your guardian angel. (refrigerator + angel)

8. 나는 네가 그에게 피아노 치는 법을 가르치는 방식이 맘에 들지 않는다.
   I don't like the way you teach him how to play the piano. (children + vase)

9. 당신이 가장 좋아하는 과일이 뭔지 내게 말해줘서 고맙습니다.
   Thank you for telling me what is your favorite fruit. (refrigerator + magazine)

10. 나는 그녀에게 무슨 일이 일어났는지 알아내는 것이 어렵다는 것을 알았다.
    I found it difficult to figure out what happened to her. (question + hair)

11. 내가 너라면 나는 그녀에게 그 지갑이 어디 있는지 말해줄 텐데.
If I were you, I would tell her where the purse is. (job + key)

12. 너는 그를 친엄마가 있는 집에 데려다주지 않기로 되어 있잖아.
You are not supposed to take him to the house where his real mother lives. (video + office + rabbit)

13. 나는 네가 오늘밤 훨씬 예쁘게 보였으면 좋겠다.
I want you to look much prettier tonight. (album + year)

14. 너는 그녀가 얼마나 매력적인지 알아차렸어야 했는데.
You should have noticed how charming she was.
(father + queen)

15. 나는 아무도 나를 찾을 수 없는 곳에 가고 싶은 기분이 든다.
I feel like going to the place where nobody can find me.
(ink + rabbit)

16. 나는 상황이 지금 얼마나 심각한지 그들에게 말해주러 왔다.
I'm here to tell them how serious the situation is. (kite + queen)

17. 그것이 바로 그녀가 떠나지 않기를 내가 원했던 이유다.
That's why I didn't want her to leave. (zero + album 변형)

18. 그가 그녀로 하여금 그의 제안을 받아들이게 했다는 증거는 없다.
There is no evidence that he made her accept his suggestion. (uncle + baby)

19. 내가 어제 백화점에서 산 목걸이가 탁자 위에 있다.
There is a necklace which I bought at the department store yesterday on the table. (handkerchief + pencil)

20. 내가 먹은 그 배는 맛이 달콤하다.
The pear that I ate tastes sweet. (pencil + lemon)

Part III

Apartment   You can't ~ unless you ~

세 번째 파트의 첫 번째 키워드는 **apartment**,
고정 구문은 **You can't ~ unless you ~** 입니다.
작은 단칸방에서 살림을 시작한 부부가 아이들이 자라남에 따라 집이 부쩍 비좁아지자 대책을 고민했어요. 아이들은 무럭무럭 크는데 집은 그대로였던 것이지요. 마주 앉은 부부는 한참 대화를 나눈 끝에 올해 안에 좀더 넓은 아파트로 이사를 가자는 목표를 세웠습니다.

> **You can't move to a more spacious apartment unless you work hard.**
> 열심히 일하지 않으면 더 넓은 아파트로 이사 갈 수 없어.

'~하지 않으면 당신은 ~할 수 없어요' 라는 표현은
You can't ~ unless you ~ 로 표현하면 됩니다.

실제상황

① 서두르지 않으면 당신은 그 기차를 탈 수 없어요.
You can't catch the train unless you hurry up.

② 시간을 엄수하지 않으면 당신은 그를 만날 수 없어요.
You can't meet him unless you are punctual.

③ 열심히 공부하지 않으면 그 시험에 합격할 수 없어요.
You can't pass the exam unless you study hard.

Check it out
알고 있는 단어로
동사 succeed
명사 taxi
알고 싶은 단어로
동사 concentrate
명사 lecture

I didn't ~, either. Body

이번 키워드는 **body**, 구문은 **I didn't ~, either** 입니다.
자신의 신체를 항상 건강하게 유지하는 게 중요하다는 것을 다 알지만, 운동이든 식습관이든 항상 계획한 대로 실천하는 게 쉽진 않죠? 그렇다고 건강관리를 소홀히 하다보면 나중에 후회하게 되죠.

> **I didn't realize that keeping the body healthy is important, either.**
> 나 역시 신체를 건강하게 유지하는 것이 중요하다는 것을 깨닫지 못했어.

〈나 홀로 집에 Home Alone〉에서는, 집안에서 소동을 벌였다는 이유로 혼자 2층에 남겨진 케빈이 엄마에게 항의하며 다음과 같이 말하는 장면이 나옵니다.

I don't wanna see anybody else, either.
나도 역시 아무도 보고 싶지 않아.

〈프리키 프라이데이 Freaky Friday〉에 보면 엄마와 딸이 서로의 몸이 바뀌어 버린 일을 기억하지 못한다면서 다음과 같이 말하는 장면이 나옵니다.

I don't remember, either.
나도 역시 기억이 나지 않아.

이와 같이 '나도 역시 ~하지 않는다' 라는 표현은 I don't ~ , either. 로 쓰면 되고, 과거형인 '나도 역시 ~하지 않았다' 라는 표현은 I didn't ~ , either. 로 말하면 됩니다.

실제상황

① 나도 역시 그녀를 미워하지 않았어.
  I didn't hate her, either.
② 나도 역시 그가 어디 있는지 몰랐어.
  I didn't know where he was, either.
③ 나도 역시 그를 만나지 않았어.
  I didn't meet him, either.

Check it out
알고 있는 단어로
동사 understand
명사 concert
알고 싶은 단어로
동사 complain
명사 treasure

Chimney　Don't ask me to ~

이번 키워드는 **chimney**,
고정 구문은 **Don't ask me to ~**입니다.
요즘은 굴뚝 있는 집이 거의 없지만, 그래도 예전엔 꽤 있었죠. 물론 서양식과는 많이 달랐지만. 이제 굴뚝은 오래된 목욕탕이나 큰 공장 부근에서나 겨우 볼 수 있게 되었지요. 굴뚝이 없어져서 애를 먹는 분이 계십니다. 굴뚝을 통해 착한 아이에게 선물을 주러 오시는 분이죠. 그리고 요새 굴뚝들은 너무 지저분해서 들어가기가 싫다고 하세요. 산타클로스를 맞으려면 굴뚝 청소는 해놓아야 예의겠죠? 하지만 굴뚝 청소, 그게 쉬운 일이 아니죠.

> **Don't ask me to clean the chimney.**
> 내게 굴뚝 청소하라고 부탁하지 마.

〈에린 브로코비치 Erin Brochovich〉에서는, 대기업을 상대로 한 싸움을 포기하라고 하자 줄리아 로버츠가 이렇게 말하는 장면이 나옵니다.

> **Please don't ask me to give it up.**
> 내게 포기하라고 부탁하지 마세요.

이와 같이 '나에게 ~를 부탁하지 마' 라는 표현은
Don't ask me to ~입니다.

실제상황

① 그 초상화를 벽에 걸어달라고 부탁하지 마.
   Don't ask me to hang the portrait on the wall.
② 나에게 바닥을 쓸라고 부탁하지 마.
   Don't ask me to sweep the floor.
③ 그 음식을 싸서 냉장고에 넣으라고 부탁하지 마.
   Don't ask me to wrap the food and put it in the refrigerator.

Check it out
알고 있는 단어로
동사 fix
명사 daughter
알고 싶은 단어로
동사 decorate
명사 shortcut

I'm too ~ to ~   Dog

이번 키워드는 **dog**, 구문은 **I'm too ~ to ~**입니다.

요즘 애완견을 참 많이 키우는데 그런 만큼 사고도 많은 모양입니다. 예로부터 개는 우리와 친구 사이지만 가끔은 아주 사나운 개도 만나게 되죠. 어느 집에 놀러 갔는데 마당에 아주 사납게 생긴 개가 있어서 들어가기가 무서웠던 기억이 있어요.

> **I'm too scared to approach the dog.**
> 나는 너무 무서워서 그 개에 접근할 수가 없다.

〈스페이스 카우보이 Space Cowboy〉에 보면, 우주에 가기 위해 모인 노인들이 체력 훈련을 받고 나서 식사를 하다가 이렇게 말하는 장면이 나옵니다.

> **I'm too tired to chew.**
> 나는 너무 피곤해서 씹을 수가 없다.

이와 같이 '나는 너무 ~해서 ~할 수 없다' 라는 표현은
I'm too ~ to ~를 활용하면 됩니다.

실제상황

① 나는 너무 바빠서 그녀를 만날 수 없다.
   I'm too busy to meet her.

② 나는 너무 어지러워서 움직일 수가 없다.
   I'm too dizzy to move.

③ 나는 너무 졸려서 집중할 수 없다.
   I'm too sleepy to focus.

Check it out
알고 있는 단어로
동사 focus
명사 drugstore
형용사 afraid
알고 싶은 단어로
동사 attend
명사 dawn
형용사 innocent

Eraser Which one is your ~

이번 키워드는 **eraser**, 고정 구문은 **Which one is your ~**입니다.
지우개는 그 쓰임이나 크기 때문에 흘리고 다니기 아주 쉬운 물건 중 하난데 그러다보니 종종 학교나 학원에서 지우개 때문에 작은 소동이 일곤 하죠. 한번은 막 지우개를 찾고 있으니까 선생님이 한 움큼의 지우개를 내밀며 물었습니다.

Which one is your eraser?
어느 것이 네 지우개니?

꼬마 유령이 주인공인 영화 〈꼬마 유령 캐스퍼 Casper〉에서는 다음과 같은 대사가 나옵니다.

Which one is your favorite?
어느 것이 네가 제일 좋아하는 거니?

'어느 것이 너의 ~니?' 라는 말을 표현할 때는
Which one is your ~로 시작하면 됩니다.

실제상황

① 어느 게 너의 믹서기니?
Which one is your blender?

② 어느 게 너의 셔츠니?
Which one is your shirt?

③ 어느 게 너의 조끼니?
Which one is your vest?

Check it out
알고 있는 단어로
명사 wallet
알고 싶은 단어로
명사 wig

When was the last time you ~

이번 키워드는 **flower**,
고정 구문은 **When was the last time you ~** 입니다.
남자들끼리 결혼 생활에 대해 대화를 나누다가 결혼기념일이 화두에 올랐습니다.
결혼기념일에 어떤 선물을 주고받는지 얘기하다가 누군가 이렇게 물었습니다.

> **When was the last time you gave your wife flowers as a gift?**
> 아내에게 마지막으로 꽃을 선물로 준 게 언제야?

〈스타스키와 허치 Starsky & Hutch〉에서는, 사체로 발견된 사람을 마지막으로 본 게 언제냐고 형사가 용의자에게 이렇게 물어보는 장면이 나옵니다.

> **When was the last time you saw him?**
> 마지막으로 그를 본 게 언젠가요?

〈오션스 일레븐 Ocean's Eleven〉에 보면 감옥에서 출소한 조지 클루니가 브래드 피트를 만나 카지노를 털기로 모의하면서 다음과 같이 물어보는 장면이 나옵니다.

> **When was the last time you were in Vegas?**
> 마지막으로 라스베가스에 간 게 언젠가요?

이와 같이 '너 마지막으로 ~한 게 언제야?' 라는 표현이 필요할 때는 When was the last time you + 과거형, 을 쓰면 됩니다.

실제상황

① 마지막으로 옷을 산 게 언제야?
   When was the last time you bought clothes?

② 마지막으로 그녀에게 용돈을 준 게 언제야?
   When was the last time you gave her allowance?

③ 마지막으로 고향을 찾아간 게 언제야?
   When was the last time you visited your hometown?

Check it out
알고 있는 단어로
동사 write
명사 speech
알고 싶은 단어로
동사 vote
명사 farewell party

Grape It ~ that

이번 키워드는 **grape**, 고정 구문은 **It ~ that**입니다.

맛있고 신선한 식료품을 파는 가게는 인기가 좋겠죠. 상품이 좋으면 소문은 저절로 나고요. 과일과 야채가 신선하기로 소문난 가게 앞을 지나며 어머니들이 이런 대화를 나누네요.

> **It was at the grocery store that she bought three bunches of grapes.**
> 그녀가 포도 세 송이를 산 곳이 바로 저 식료품가게야.

〈007 언리미티드 The World Is Not Enough〉에서, 제임스 본드가 적과 싸우는 과정에서 공장이 완전히 망가지자 공장 주인이 본드에게 이렇게 말합니다.

> **It was you that destroyed my factory.**
> 내 공장을 파괴한 것은 바로 너야.

〈가을의 전설 Legends of the Fall〉에서는, 세 형제의 집에서 살게 된 여자가 다음과 같이 말하는 장면이 나옵니다.

> **It is Samuel that I loved.**
> 내가 사랑했던 사람은 바로 사뮤엘입니다.

이와 같이 강조하고자 하는 말을 It ~ that 사이에 넣어서 표현하는 것을 'It ~ that 강조용법' 이라고 합니다.

실제상황

① 내가 아내를 처음 만난 곳은 바로 그 해변이었다.
It was at the beach that I first met my wife.

② 중요한 것은 시간이 아니라 의지이다.
It is not time but will that matters.

③ 그 사고가 일어난 곳은 바로 거실이었다.
It was in the living room that the accident took place.

Check it out
알고 있는 단어로
동사 break
명사 building
알고 싶은 단어로
동사 threaten
명사 warehouse

We had no choice but to ~ Head

이번 키워드는 **head**,
고정 구문은 **We had no choice but to~** 입니다.
어느 날 선생님이 머리를 깨끗하게 밀고 오셨습니다. 원래 조금 대머리이기도 하셨는데 무슨 연유인지 모르겠군요. 살다보면 그러고 싶을 때도 있는 거죠?

> **We had no choice but to laugh at the teacher's shiny bald head.**
> 우리는 선생님의 반짝이는 대머리를 보고 웃지 않을 수 없었다.

〈캐치 미 이프 유 캔 Catch me, If you can〉에서, 수표 사기범 레오나르도 디카프리오에게 판사가 다음과 같이 말하는 장면이 나옵니다.

> **I have no choice but to ignore your request.**
> 나는 당신의 요청을 무시할 수밖에 없습니다.

이와 같이 '우리는 ~할 수 밖에 없었다' 라는 표현은
We had no choice but to ~로 시작하면 됩니다.

실제상황

① 우리는 앞차를 추월하기 위하여 차선을 변경할 수밖에 없었다.
We had no choice but to change lanes to pass the car ahead.

② 우리는 밧줄을 잡을 수밖에 없었다.
We had no choice but to grab the rope.

③ 우리는 동굴에 숨을 수밖에 없었다.
We had no choice but to hide in the cave.

Check it out
알고 있는 단어로
동사 hide
명사 ox
알고 싶은 단어로
동사 reject
명사 crop

Iron Can't you see I'm ~

이번 키워드는 **iron**, 고정 구문은 **Can't you see I'm ~**입니다.
엄마가 출근할 아빠의 양복을 다리고 있는데 옆에서 딸이 자꾸 보챕니다. 결국 참다못한 엄마가 딸에게 말했습니다.

> **Can't you see I'm busy ironing the suit?**
> 나 지금 양복 다리느라 바쁜 거 안보이니?

〈캥거루 잭 Kangaroo Jack〉의 초반부에 보면, 미용실에서 바쁘게 일하고 있는 친구에게 흑인 친구가 다가가 자꾸 일을 같이 하자고 조르자, 일하던 친구가 다음과 같이 한마디 합니다.

> **Can't you see I'm busy?**
> 나 바쁜 거 안 보여?

이와 같이 '나 ~한 거 안 보여?' 라는 표현은
Can't you see I'm ~으로 시작하면 됩니다.

실제상황

① 나 지금 기분 우울한 거 안 보여?
   Can't you see I'm gloomy?

② 나 지금 긴장하고 있는 거 안 보여?
   Can't you see I'm nervous?

③ 나 지금 아픈 거 안 보여?
   Can't you see I'm sick?

Check it out
알고 있는 단어로
형용사 different
알고 싶은 단어로
형용사 pale

He grew up to be a ~ **Judge**

이번 키워드는 **judge**, 고정 구문은 **He grew up to be a ~**입니다.
소년 가장이 어려운 가정환경을 극복하고 마침내 판사가 되었다면, 그의 성장과정을 지켜보았던 동네 사람들은 그를 칭찬하겠죠? 사람들은 자라는 아이들이나 주변 사람들에게 그의 입지전적인 성공담을 옮길 것입니다.

> **He grew up to be a judge.**
> 그는 자라서 판사가 되었다.

〈미녀 삼총사 2 Charlie's angels 2〉의 초반부에서, 세 아이가 자라서 전혀 다른 여성이 되었다고 말하는 대사가 나옵니다.

> **They grew up to be three very different women.**
> 그들은 전혀 다른 세 여성으로 자랐다.

이와 같이 '그는 자라서 ~가 되었다' 라는 표현은
He grew up to be a ~로 시작하면 됩니다.

실제상황

① 그는 자라서 건축가가 되었다.
   He grew up to be an architect.
② 그는 자라서 대장장이가 되었다.
   He grew up to be a blacksmith.
③ 그는 자라서 정치가가 되었다.
   He grew up to be a politician.

Check it out
알고 있는 단어로
명사 cook
알고 싶은 단어로
명사 carpenter

Knife — The fact is that she ~

이번 키워드는 **knife**, 고정구문은 **The fact is that she ~**입니다.
나이프 하면 뭐가 떠오르나요? 〈친절한 금자씨〉에서 이영애가 사람들과 함께 악랄한 유괴범 최민식을 응징하는 장면이 생각나는군요. 그들의 복수극이 참 충격적이었죠?

> **The fact is that she stabbed the tyrant with a knife.**
> 사실은 그녀가 칼로 그 폭군을 찔렀다는 것이다.

〈시애틀의 잠 못 이루는 밤 Sleepless In Seattle〉에 보면 홀아비가 된 톰 행크스가 아들에게 다음과 같이 말하는 장면이 나옵니다.

> **The fact is you're not gonna like any woman because that is not your mother.**
> 사실은 네 엄마가 아니기 때문에 너는 어떤 여자도 좋아하지 않을 것이다.

이처럼 '사실은 그녀가 ~하다는 것이다' 라는 표현은
The fact is that she ~로 시작하면 됩니다.

실제상황

① 사실은 그녀가 유부녀라는 것이다.
   The fact is that she is married.
② 사실은 그녀가 키가 작다는 것이다.
   The fact is that she is short.
③ 사실은 그녀가 그를 사랑한다는 것이다.
   The fact is that she loves him.

Check it out
알고 있는 단어로
동사 quit
명사 city
알고 싶은 단어로
동사 prove
명사 suicide

I spent + 시간 + ~ing **Letter**

이번 키워드는 **letter**, 구문은 **I spent + 시간 + ~ing** 입니다.

누군가에게 연애편지를 써 보신 적이 있으신가요? 마음을 고백하려는 게 쉬운 일은 아니죠. 그래서 편지를 많이 이용하는데, 정작 써서 보내기까지 또 많은 시간을 허비하게 되죠. 시작을 어떻게 해야 할지 호칭은 또 어떻게 하는 게 좋을지 망설이면서 서너 시간을 흘려보내는 것은 다반사구요. 그렇지만 사랑은 그렇게 키워가는 거니까 결코 시간낭비는 아니죠.

> **I spent two hours writing a letter last night.**
> 나는 어제 편지 한 장을 쓰느라고 두 시간을 보냈다.

영화〈뮬란 Mulan〉을 보면 병사들 사이에서 소동이 벌어진 뒤 젊은 장군이 다음과 같이 명령하는 장면이 나오죠.

> **You'll spend tonight picking up every single grain of rice.**
> 여러분들은 모든 밥알을 하나도 빼지 않고 다 줍느라고
> 오늘밤을 보내게 될 것이다.

이와 같이 '나는 ~하느라고 ~을 보냈다' 라는 문장은
I spent + 시간 + ~ing로 표현하면 됩니다.

실제상황

① 우리는 강당을 청소하느라 30분을 보냈다.
We spent thirty minutes cleaning the auditorium.

② 나는 유방암에 걸린 그 환자를 수술하느라 4시간을 보냈다.
I spent four hours operating the patient who has a breast cancer.

③ 나는 그 구두를 닦느라 20분을 보냈다.
I spent twenty minutes polishing the shoes.

Check it out
알고 있는 단어로
동사 prepare
명사 letter
알고 싶은 단어로
동사 investigate
명사 basement

Mountain — What a beautiful ~ it is!

이번 키워드는 **mountain**,
고정 구문은 **What a beautiful ~ it is!** 입니다.
우리나라의 산들은 가을에 절경을 이루죠. 가을에 단풍이 멋지게 물든 산을 보면 감탄이 절로 나오죠. 영어로 한번 감탄해볼 수 있겠네요.

> **What a beautiful mountain it is!**
> 이 얼마나 아름다운 산인가!

〈Mr. 히치 Hitch〉에 보면 윌 스미스의 사랑을 확인한 잡지사 여기자가 기뻐서 그녀의 친구에게 이렇게 말하는 장면이 나옵니다.

> **What a beautiful day it is!**
> 이 얼마나 아름다운 날인가!

'이 얼마나 아름다운 ~인가!' 라는 문장은
What a beautiful + 명사 + it is! 로 표현하면 됩니다.
여기서 명사만 바꾸면 다양한 감탄문 표현이 쉽게 되는 거죠.

실제상황

① 이 얼마나 아름다운 해변인가!
   What a beautiful beach it is!
② 이 얼마나 아름다운 성인가!
   What a beautiful castle it is!
③ 이 얼마나 아름다운 섬인가!
   What a beautiful island it is!

Check it out
알고 있는 단어로
명사 station
형용사 clear
알고 싶은 단어로
명사 fountain
형용사 delicate

I wonder if you will ~ — Novelist

이번 키워드는 **novelist**, 고정 구문은 **I wonder if you will ~**입니다. 글을 잘 쓴다는 건 단지 타고난 재능일까요? 무엇보다 저는 책을 많이 읽어야 한다고 생각합니다. 후천적인 노력이 더 중요하다는 것이죠. 그리고 글을 잘 쓴다는 것과 소설을 잘 쓴다는 것은 또 다른 이야기인 것 같아요. 제 옆에도 글을 참 잘 쓰는 친구가 있는데 그에 걸맞게 소설가가 되는 게 꿈이죠. 그가 정말 소설가가 될 수 있을지 궁금하네요.

> **I wonder if you will be a novelist.**
> 난 네가 소설가가 될지 궁금하다.

〈별난 커플 The Odd Couple〉에서는, 비행기에 탄 한 노인이 자신의 좌석을 바꿔달라면서 다음과 같이 말하는 장면이 나옵니다.

> **I wonder if I might change my seat into the non-smoking section.**
> 내 자리를 비흡연석으로 바꿔줄 수 있는지 궁금합니다.

'나는 네가 ~할지 궁금하다' 라는 표현은
I wonder if you will ~로 시작하면 됩니다.

실제상황

① 나는 네가 내 생일파티에 올지 궁금하다.
   I wonder if you will come to my birthday party.
② 나는 당신이 그를 퇴학시킬지 궁금하다.
   I wonder if you will expel him from school.
③ 나는 당신이 그녀를 처벌할지 궁금하다.
   I wonder if you will punish her.

Check it out
알고 있는 단어로
동사 cook
명사 farm
알고 싶은 단어로
동사 chase
명사 privilege

Onion　I had trouble ~ing

이번 키워드는 **onion**, 고정 구문은 **I had trouble ~ing** 입니다.
부엌에서 양파를 여러개 까다보면 눈이 매워서 눈물이 나기도 하지요. 저녁 내내 음식에 넣을 양파를 까고 계시던 어머니께서 손을 씻으며 이렇게 말하십니다.

> **I had trouble peeling onions in the kitchen.**
> 나는 부엌에서 양파 까느라고 애를 먹었다.

〈잠망경을 올려라 Down Periscope〉에서는, 미해군 잠수함의 통신병이 이탈 잠수함의 신호를 추적할 수 없다며 이렇게 말하는 장면이 나옵니다.

> **We have some trouble tracking them now.**
> 우리도 이제 그들을 추적하는 데 어려움을 겪고 있어요.

〈에이스 벤추라 Ace Ventura〉에서는, 미식축구팀의 마케팅 이사가 짐 캐리에게 돌고래를 찾아달라고 의뢰하며 이렇게 묻는 장면이 나옵니다.

> **Did you have any trouble getting in?**
> 이곳에 오느라 어려움을 겪었나요?

이와 같이 '나는 ~하느라 어려움을 겪었다' 라는 표현을 할 때는
I had trouble ~ing를 쓰면 됩니다.
trouble 대신에 difficulty나 hard time을 써도 무방합니다.

실제상황

① 나는 그 제품을 포장하느라고 애를 먹었다.
I had trouble packaging the product.

② 나는 불우아동을 위해 모금하느라 애를 먹었다.
**I had trouble raising money
for underprivileged kids.**

③ 나는 여드름 짜느라고 애를 먹었다.
I had trouble squeezing pimples.

Check it out
알고 있는 단어로
동사 use
명사 comb
알고 싶은 단어로
동사 extinguish
명사 secretary

It's time to ~ Picnic

이번 키워드는 **picnic**, 고정 구문은 **It's time to ~**입니다.
오늘은 소풍날이에요. 아이들이 학교 운동장에 모여 서서 출발하기만을 기다리고 있습니다. 그때 담임선생님이 이렇게 말하자 아이들이 환호성을 지르네요.

> **It's time to go on a picnic.**
> 자, 소풍갈 시간이다.

〈트로이 Troy〉에서는, 트로이로 쳐들어온 그리스 군대를 무찌르자고 하면서 다음과 같이 말하는 장면이 나옵니다.

> **It's time to destroy the Greek Army.**
> 그리스 군대를 무찌를 시간이다.

〈스쿨 오브 락 School of Rock〉의 초반부에서, 락 음악을 포기하라며 동료가 주인공에게 다음과 같이 말하는 내용이 나옵니다.

> **It's time to give up those dreams.**
> 그 꿈을 포기할 시간이다.

이와 같이 '~할 시간이다' 라는 표현은 **It's time to ~**로 시작하면 됩니다.

실제상황

① 비밀을 폭로할 시간이다.
   It's time to reveal the secret.
② 파티를 열 시간이다.
   It's time to throw a party.
③ 연속극 볼 시간이다.
   It's time to watch the soap opera.

Check it out
알고 있는 단어로
동사 go
명사 dessert
알고 싶은 단어로
동사 announce
명사 article

Room — What do you think you are ~ing

이번 키워드는 **room**,
고정 구문은 **What do you think you are ~ing**입니다.
동생이 언니 방에 들어와서 허락도 없이 이것 저것 뒤지다가 언니에게 딱 걸렸어요. 표정이 싸늘해진 언니, 과연 동생에게 뭐라고 할까요?

> **What do you think you are doing in my room?**
> 너 지금 내 방에서 뭐하고 있다고 생각하는 거야?

〈미이라 Mummy〉에서는, 남자 주인공이 여자를 어깨에 들쳐 메고 방으로 들어가자 여자가 당황해서 다음과 같이 말하는 장면이 나옵니다.

> **What do you think you are doing?**
> 당신 지금 뭐하고 있다고 생각하세요?

〈니모를 찾아서 Finding Nemo〉에 보면 어린 물고기 '니모'가 보트를 보고 신기해하면서 그곳으로 가려고 하자 아버지가 다음과 같이 말하는 장면이 나옵니다.

> **What do you think you are doing?**
> 너 지금 뭐하고 있다고 생각하니?

'너 지금 ~하고 있다고 생각하는 거야?'는
What do you think you are ~ing로 표현하면 됩니다.

실제상황

① 너 지금 뭘 먹고 있다고 생각하는 거야?
 What do you think you are eating?
② 너 지금 뭘 읽고 있다고 생각하는 거야?
 What do you think you are reading?
③ 너 지금 뭘 입고 있다고 생각하는 거야?
 What do you think you are wearing?

Check it out
알고 있는 단어로
동사 watch
명사 library
알고 싶은 단어로
동사 select
명사 exhibition

I was really surprised when ~ — Shoulder

이번 키워드는 **shoulder**,

고정 구문은 **I was really surprised when ~**입니다.

얼마 전 일이에요. 캄캄한 밤길을 혼자 걸어가고 있었는데 누군가 뒤에서 어깨를 톡톡 두드려서 엄청 놀랐었답니다. 돌아보니 제가 슈퍼에 놓고 나온 우산을 들고 따라온 동네 아저씨였어요. 다음날 친구에게 이 일을 얘기해줬어요.

> **I was really surprised when someone tapped me on the shoulder.**
> 나는 누군가 내 어깨를 톡톡 두드렸을 때 정말로 놀랐다.

'나는 ~했을 때 정말로 놀랐다' 라는 표현은
I was really surprised when ~으로 시작하면 됩니다.

실제상황

① 나는 그녀가 갑자기 그녀의 친구에게 모욕을 주어 정말 놀랐다.
I was really surprised when she insulted her friend all of a sudden.

② 나는 그가 눈에 띄지 않고 도망가서 정말로 놀랐다.
I was really surprised when he ran away without being noticed.

③ 나는 그가 가게에서 물건을 훔치다가 잡혀서 정말 놀랐다.
I was really surprised when he was caught shoplifting.

Check it out
알고 있는 단어로
동사 drop
명사 cancer
알고 싶은 단어로
동사 recognize
명사 valuable

Train The ~ has just arrived ~

이번 키워드는 **train**, 고정 구문은 **The ~ has just arrived~** 입니다. 기차역 플랫폼에서 친구에게 전화를 걸었어요. 그런데 친구가 전화를 받자마자 기차가 뿡 소리를 내며 역에 도착했어요. 친구에게 이렇게 말하겠죠?

The train has just arrived at the station.
기차가 역에 지금 막 도착했어.

〈아빠가 줄었어요 Honey, we shrunk ourselves〉에서는, 집배원이 우체통에 편지를 넣자 집 안에 설치된 전광판에 다음과 같은 메시지가 뜨는 장면이 나옵니다.

The mail has just arrived.
우편물이 막 도착했습니다.

〈비밀 캠프 Camp Nowhere〉에서는, 아이들이 캠프에 부모님들이 도착하기 시작하자 이렇게 말하는 장면이 나옵니다.

The enemy has just arrived.
적이 지금 막 도착했어.

이와 같이 '~가 막 도착했어'는 The + 명사 + has just arrived 로 표현하면 됩니다. 그리고 명사 자리에 사람이나 사물 등을 넣어 다양하게 표현하면 됩니다. 그럼 '~가 지금 막 떠났어'는? 그렇죠. The + 명사 + has just left 로 표현하면 되겠죠.

실제상황

① 버스가 지금 막 떠났어.
The bus has just left.
② 유람선이 지금 막 항구에 도착했어.
The cruise has just arrived at the harbor.
③ 그 용의자가 지금 막 도착했어.
The suspect has just arrived.

Check it out
알고 있는 단어로
명사 bride
알고 싶은 단어로
명사 pirate

They demanded that he ~ — Uniform

이번 키워드는 **uniform**,
고정 구문은 **They demanded that he ~**입니다.
회사에서 직원에게 유니폼을 입으라고 요구할 수 있겠죠. 이런 상황을 영어로 표현해 볼까요?

> **They demanded that he wear the uniform on duty.**
> 그들은 그가 근무 중에 유니폼을 입어야 한다고 요구했다.

'그들은 그가 ~할 것을 요구했다'를 표현하려면
They demanded that he ~로 시작하면 됩니다.

이 구문에서 유의할 것은, They demanded that he 다음에 should가 생략되었기 때문에 시제, 인칭에 관계없이 동사 원형을 써야 한다는 것입니다. 그래서 he wears가 아닌 he wear가 된 것입니다.

실제상황

① 그들은 그가 뭔가 의미 있는 일을 할 것을 요구했다.
They demanded that he do something meaningful.

② 그들은 카메라가 온통 다 긁혔기 때문에 그에게 변상하라고 요구했다.
They demanded that he make conpensation for the camera because it was scratched all over.

Check it out
알고 있는 단어로
동사 decide
명사 sword
알고 싶은 단어로
동사 appoint
명사 semester

Village | No matter what happens, I have to ~

이번 키워드는 **village**,

고정 구문은 **No matter what happens, I have to ~** 입니다.

다음날 새벽부터 큰 비가 내릴 것이라는 예보가 발표되었어요. 읍내에서 꽤 떨어진 시골 산간 마을에 이 사실을 알려야 하는 우체부 아저씨는 마음이 급해졌어요. 해가 지기 전에 이 소식을 알려야 주민들이 대비를 할 수 있을 테니까요.

**No matter what happens,
I have to reach the village in time.**
무슨 일이 있더라도 나는 그 마을에 제시간에 도착해야 한다.

〈에어 포스 원 Air Force One〉에서는, 대통령이 탄 비행기를 테러리스트들이 납치하자 이렇게 말하는 장면이 나옵니다.

No matter what happens, we gotta land this aircraft.
무슨 일이 있어도 우리는 이 비행기를 착륙시켜야 합니다.

〈퀘스트 Quest〉의 초반부에서는, 어린 소년들의 대장 노릇을 하던 주인공이 경찰의 습격을 받아 도망가야 하는 상황이 되자 아이들에게 이렇게 말하는 장면이 나옵니다.

No matter what happens, I'll come back.
무슨 일이 있어도 나는 돌아올 것이다.

'무슨 일이 있더라도 나는 ~해야만 한다' 라는 표현은
No matter what happens, I have to ~로 시작하면 됩니다.

실제상황

① 무슨 일이 있더라도, 나는 이 역경을 극복해야 한다.
**No matter what happens,
I have to overcome these obstacles.**

② 무슨 일이 있더라도 나는 공기 오염을 막는 이 법안을 통과시켜야 한다.
No matter what happens, I have to pass the bill to stop polluting the air.

Check it out
알고 있는 단어로
동사 prove
명사 drama
알고 싶은 단어로
동사 resign
명사 destination

How could you ~ | Wife

이번 키워드는 **wife**, 고정 구문은 **How could you ~**입니다.
아내를 너무 못살게 구는 남편이 있었어요. 어찌나 아내를 괴롭히는지, 보다 못한 그의 친구가 따끔하게 충고를 해야겠다고 마음을 먹었습니다.

> **How could you be so cruel to your wife?**
> 어떻게 네 아내에게 그렇게 잔인할 수 있어?

〈샤크 Shark〉에서는, 상어를 물리쳤다고 한 거짓말이 탄로나자 여자가 남자 주인공에게 이렇게 말하는 장면이 나옵니다.

> **How could you lie to me?**
> 어떻게 나에게 거짓말을 할 수 있어?

〈블랙아웃 Blackout〉에서, 아버지가 죽은 후 자신을 딸처럼 돌봐준 경찰 아저씨가 실은 아버지를 죽인 범인이자 연쇄살인범이라는 것을 알게 된 여자 주인공이 이렇게 말합니다.

> **How could you do that to me?**
> 어떻게 나에게 이럴 수가 있어요?

이와 같이 '어떻게 당신이 ~할 수 있어요?' 라는 표현은
How could you ~로 시작하면 됩니다.

실제상황

① 어떻게 그렇게 대담할 수 있나요?
   How could you be so bold?
② 어떻게 그렇게 무례할 수 있어요?
   How could you be so impolite?
③ 어떻게 그렇게 이기적일 수 있나요?
   How could you be so selfish?

Check it out
알고 있는 단어로
동사 spend
명사 exam
형용사 stupid
알고 싶은 단어로
동사 urge
명사 violence
형용사 negative

Yellow ~ and you will ~

이번 키워드는 **yellow**, 고정 구문은 **~ and you will ~** 입니다.
자, 지금은 미술 시간입니다. 오렌지색을 만들려면 어떻게 해야 하는지 선생님께 여쭸더니 이렇게 대답해 주셨어요.

> **Mix red with yellow and you will get orange.**
> 노란색과 빨간색을 섞으세요. 그러면 오렌지색을 얻을 수 있을 겁니다.

〈미이라 Mummy〉에 보면 다음과 같은 대사가 나옵니다.

> **Take my hand and I will spare your friend.**
> 내 손을 잡아라 그러면 내 친구의 목숨을 살려주겠다.

'~해라 그러면 너는 ~할 것이다' 라는 표현을 할 때는
명령문 and you will ~의 구문을 사용하면 됩니다.

실제상황

① 너의 근육을 발달시켜라, 그러면 멋진 체격을 가지게 될 것이다.
  Develop your muscles and you will be in good shape.

② 내 부탁을 들어줘, 그러면 네가 원하는 건 뭐든지 사줄게.
  Do me a favor and I will buy you whatever you want.

③ 여러 번 나를 따라 반복해봐, 그러면 네 발음이 좋아질 거야.
  Repeat after me several times and your pronunciation will be better.

Check it out
알고 있는 단어로
동사 help
명사 home
알고 싶은 단어로
동사 improve
명사 colleague

I don't understand those who ~ Zone

이번 키워드는 **zone**, 고정 구문은 **I don't understand those who ~**입니다. 초등학교 정문 앞은 School Zone이라 하여 '어린이 보호구역'으로 지정되어 있죠. 이곳에서 모든 차량은 저속으로 진행해야 합니다. 그런데 이곳에서마저 바쁘다고 쌩쌩 달리는 사람들을 보면 아이들의 안전을 전혀 생각하지 않는 사람들이란 생각이 들어요.

> **I don't understand those who speed up at the school zone.**
> 어린이 보호구역에서 과속하는 사람들을 나는 이해할 수 없다.

〈고스트 앤 다크니스 Ghost and Darkness〉의 초반부에서, 철도를 놓는 노동자들에 대해 다음과 같이 말하는 장면이 나옵니다.

My only pleasure is tormenting those people who work for me.
내 유일한 즐거움은 나를 위해 일하는 사람들에게 고통을 주는 것이다.

〈에네미 앳 더 게이트 Enemy at the Gate〉의 초반부에서는, 후퇴하려는 병사들에게 다음과 같이 고함치는 장면이 나옵니다.

Those who retreat will be shot.
후퇴하는 자는 사살될 것이다.

이와 같이 '~하는 사람들'이라는 표현은 those who ~를 써서 말합니다. '하늘은 스스로 돕는자를 돕는다'라는 속담도 Heaven helps those who help themselves라고 표현하지요.

'~하는 사람을 이해할 수 없다'라는 표현은 those who ~ 구문을 이용하여 I don't understand those who ~로 시작하면 됩니다.

실제상황

① 나는 자신의 삶에 최선을 다하지 않는 사람을 이해할 수 없다.
I don't understand those who don't do their best in life.

② 나는 잠을 너무 많이 자는 사람들을 이해할 수 없다.
I don't understand those who sleep too much.

③ 나는 변명거리를 찾으려고 하는 사람들을 이해할 수 없다.
I don't understand those who try to make excuses.

Check it out
알고 있는 단어로
동사 waste
명사 helmet
알고 싶은 단어로
동사 lack
명사 politician

Part I · II · III 76개 키워드 문장 총 정리

album _ I want you to show me the album.
angel _ We regard her as an angel.
apartment _ You can't move to a more spacious apartment unless you work hard.
baby _ I told you not to make the baby cry.
bicycle _ You deserve to receive a bicycle as you won the first place in the final exams.
body _ I didn't realize that keeping the body healthy is important, either.
chair _ Do you mind if I borrow the chair?
children _ I don't like the way you treat children.
chimney _ Don't ask me to clean the chimney.
dish _ Don't forget to wash the dishes before you go out.
doctor _ I wish I were a doctor.
dog _ I'm too scared to approach the dog.
elevator _ Why don't you take the elevator?
English _ I remember memorizing as many English sentences as possible when I was a high school student.
eraser _ Which one is your eraser?
farmer _ You must be a farmer.
father _ You should have obeyed your father while he was alive.
flower _ When was the last time you gave your wife flowers as a gift?
game _ I'm ready to play the computer game.
gloves _ I don't want to take off my gloves because it is too cold.
grape _ It was at the grocery store that she bought three bunches of grapes.
hair _ What happened to your hair?
handkerchief _ There is a handkerchief on the table.
head _ We had no choice but to laugh at the teacher's shiny bald head.
ice _ You are not allowed to sled on the thin ice.
ink _ I feel like writing a composition on global warming in blue ink today.
iron _ Can't you see I'm busy ironing the suit?

jean   What kind of jeans do you like?

job   If I were you, I would quit the job and find another one.

judge   He grew up to be a judge.

key   I know where the key is.

kite   I'm here to make a wish for the year, flying a kite.

knife   The fact is that she stabbed the tyrant with a knife.

lake   It is dangerous to cross the lake without using a boat.

lemon   The lemon tastes sour.

letter   I spent two hours writing a letter last night.

magazine   What is your favorite magazine?

milk   Promise me that you will be careful when you drink milk.

mountain   What a beautiful mountain it is!

name   I am about to write my name on the application form.

newspaper   How long have you been reading the newspaper?

novelist   I wonder if you will be a novelist.

oasis   He has little chance of finding an oasis in the middle of the desert.

office   I'll take you to the office on my way home.

onion   I had trouble peeling onions in the kitchen.

pencil   This is the pencil I want to buy.

people   There are few people who can predict what will happen in the future.

picnic   It's time to go on a picnic.

queen   I know how elegant the queen is.

question   I found it difficult to find a solution to the question.

rabbit   This is the place where I will catch rabbits.

refrigerator   Thank you for fixing the refrigerator.

room   What do you think you are doing in my room?

school   You don't have to go to school.

sea   I don't think he is afraid of rescuing the drowning child in the sea.

shoulder   I was really surprised when someone tapped me on the shoulder.

teeth   When did you brush your teeth?

theater   This is the only way to evacuate from the theater in case there is a fire.

train   The train has just arrived at the station.

umbrella   It will take you a few hours to get your umbrella back from the lost and found.

uncle   There is no evidence that he murdered his uncle to inherit a large fortune.

uniform   They demanded that he wear the uniform on duty.

vase   I don't know how to arrange flowers in the vase.

video   You are not supposed to watch the video because it has lots of violent scenes.

village   No matter what happens, I have to reach the village in time.

wall   I saw you lean against the wall and have a conversation with someone.

weekend   Let's go find something to do this weekend.

wife   How could you be so cruel to your wife?

x-ray   You'd better have your ankle x-rayed in the hospital.

xylophone   I used to play the xylophone when I was young.

yacht   I can't keep sailing by yacht anymore because I'm too exhausted.

year   You look much more beautiful this year.

yellow   Mix red with yellow and you will get orange.

zebra   Have you seen the zebra?

zero   That's why he worked late into the night even though the temperature was ten degrees below zero.

zone   I don't understand those who speed up at the school zone.

Part I · II · III 76개 키워드 문장 대상 표현결합

1. 그는 자라서 농부가 되었다.
   He grew up to be a farmer. (judge + farmer)

2. 나에게 너를 사무실에 데려다달라고 부탁하지 마.
   Don't ask me to take you to the office. (chimney + office)

3. 어느 것이 네 연이니?
   Which one is your kite? (eraser + kite)

4. 그 문제는 너무 어려워서 풀 수가 없다.
   The question is too difficult to solve. (question + dog)

5. 마지막으로 일등 한 게 언제야?
   When was the last time you won the first place?
   (flower + bicycle)

6. 나는 그 신문 읽느라고 30분을 보냈다.
   I spent thirty minutes reading the newspaper.
   (letter + newspaper)

7. 나는 네가 그 개에 접근하는 것을 봤다.
   I saw you approach the dog. (wall + dog)

8. 나는 네가 판사가 되었으면 좋겠다.
   I want you to be a judge. (album + judge)

9. 작문할 시간이다.
   It's time to write a composition. (picnic + ink)

10. 넌 지금 뭘 읽고 있다고 생각하는 거니?
    What do you think you are reading? (room + newspaper)

11. 내가 그 소녀에게 접근하지 말라고 말했지.
    I told you not to approach the girl. (baby + dog)

12. 나는 네가 그 보물이 어디 있는지 말해줄지 궁금하다.
    I wonder if you will tell me where the treasure is.
    (novelist + key)

13. 나는 직장을 그만두고 다른 일자리를 찾을 수밖에 없었다.
    I had no choice but to quit the job and find another one.
    (head + job)

14. 이 얼마나 아름다운 호수인가!
    What a beautiful lake it is! (mountain + lake)

15. 나는 그 컴퓨터를 고치느라고 애먹었다.
    I had trouble fixing the computer. (onion + refrigerator)

16. 무슨 일이 있어도 나는 그 문제에 대한 해답을 찾아야 한다.
    No matter what happens,
    I have to find a solution to the question. (village + question)

17. 어떻게 네 삼촌을 살해할 수 있니?
    How could you murder your uncle? (wife + uncle)

18. 가난한 사람들을 무시하는 사람들을 나는 이해할 수 없다.
    I don't understand those who ignore the poor.
    (zone + nurse)

19. 그 판사가 지금 막 도착했다.
    The judge has just arrived. (train + judge)

20. 무슨 일이 있어도 나는 내 돈을 돌려받아야 한다.
    No matter what happens, I have to get my money back.
    (village + umbrella)

Part I · II · III 76개 키워드 문장 대상 구조결합

자, 이제 Part I · II · III 의 키워드 문장 76개를 가지고 구조결합 문장을 만들어봅시다. 예를 들어 볼까요.
'그것이 내가 참가했던 마지막 경기였어' 라는 말을 영어로 옮긴다고 생각해보세요.
'그것이 마지막 ~였어' 는 flower의 키워드 문장인 When was the last time의 앞부분을 변형하여 That was the last game을 떠올리고, '내가 참가했던 마지막 ~ 야' 는 pencil의 키워드 문장 중 pen I want to buy를 변형하여 game I took part in을 생각해내면 됩니다. 그럼 문장을 만들어 볼까요.

That was the last game I took part in.

같은 구조를 가진 영화 대사를 더 찾아 볼까요. 〈그린 마일 Green Mile〉에 보면 마지막으로 사형을 집행했던 일을 회상하며 다음과 같이 말하는 장면이 나옵니다.

That was the last execution I took part in.
그것이 내가 마지막으로 참여한 처형이었어요.

하나 더 예를 들어 볼까요.
'너는 내가 그와 결혼하도록 만들 수 없어' 라는 문장을 영어로 말해볼까요.
우선 '너는 ~할 수 없어' 는 apartment의 키워드 문장인 You can't를 떠올리고, '~가 ~하도록 만들다' 는 baby의 키워드 문장 중 make the baby cry를 변형하여 결합시키면 됩니다. 그러면 문장을 만들어 볼까요.

You can't make me marry him.

〈홀랜드 오퍼스 Holland's Opus〉에서는, 다음과 같은 대사가 나옵니다.

You can't make me do that.
당신은 내가 그 일을 하도록 만들 수 없어.

자, 76개의 키워드 문장으로 다양한 구조결합 문장을 만들어 봅시다.
다음은 구조결합한 문장들의 예입니다. 참고하세요.

1. 나에게 그녀를 그가 일하는 회사에 데려다 주라고 부탁하지 마.
   Don't ask me to take her to the company where he works.
   (chimney+ office+ rabbit)

2. 어느 것이 네가 어제 산 머리핀이야?
   Which one's your hairpin that you bought yesterday?
   (eraser + pencil)

3. 마지막으로 그녀에게 바이올린 연주하는 법 가르친 게 언제야?
   When was the last time you taught her how to play the violin? (flower + vase)

4. 나는 내가 가지고 싶어하는 그 보석을 내게 사줄지 궁금하다.
   I wonder if you will buy me the jewel I want to have.
   (novelist + pencil)

5. 나는 그 문제가 얼마나 복잡한지 그에게 설명하느라 30분을 보냈다.
   I spent thirty minutes explaining to him how complicated the problem was. (letter + queen)

6. 너는 그 변호사에게 무슨 일이 일어났다고 생각하는 거야?
   What do you think happened to the lawyer?
   (room + hair)

7. 나는 그녀에게 운전하는 법 가르치느라고 애를 먹었다.
   I had trouble teaching her how to drive. (onion + vase)

8. 그 경험이 얼마나 중요한 것인지 제가 그에게 말하게 해주세요.
   Let me tell him how important the experience is.
   (juice + queen)

9. 그가 범죄현장에 남긴 증거를 찾을 시간이다.
   It's time to find the evidence that he left at the crime scene. (picnic + uncle)

10. 어제 내가 만났던 그 남자가 지금 막 식당에 도착했다.
    The man I met yesterday has just arrived at the restaurant. (pencil + train)

11. 그들은 내가 그가 머무는 호텔을 말해줄 것을 요구했다.
    **They demanded that I tell them the hotel
    where he stays.** (uniform + rabbit)

12. 무슨 일이 있더라도 나는 내가 어제 잃어버린 그 편지를 찾아야 한다.
    **No matter what happens,
    I have to find the letter I lost yesterday.** (village + pencil)

13. 어떻게 그렇게 무관심해 보일 수 있어?
    How could you look so indifferent? (wife + year)

14. 나는 어린아이들에게 어려운 수학 문제를 푸는 법을 가르치는
    사람들을 이해할 수 없다.
    **I don't understand those who teach young children
    how to solve difficult math questions.** (zone + vase)

15. 너는 계속 반복하지 않으면 영어로 유창하게 말하는 법을 배울 수 없다.
    **You can't learn how to speak English fluently
    unless you keep practicing.** (apartment + vase)

16. 그가 자선단체에 그 돈을 기부해야 한다고 요구하는 게 어때?
    **Why don't you demand that he donate the money
    to the charity?** (elevator + uniform)

17. 사실은 내가 그녀와 결혼하기를 그가 원한다는 것이다.
    The fact is that he wants me to marry her. (knife + album)

18. 나도 역시 계속해서 그것을 연습하지 않았다.
    I didn't keep practicing it, either. (body + yacht)

19. 나는 그가 나와 이혼하기를 요청했을 때 정말로 놀랐다.
    I was really surprised when he asked me to divorce.
    (shoulder + chimney)

20. 계속 열심히 연습해,
    그러면 너는 중국어를 유창하게 말하는 법을 배우게 될 거야.
    **Keep practicing hard and you will learn
    how to speak Chinese fluently.** (yacht + yellow + vase)

Part IV

Arm He is ~ enough to ~

네 번째 파트의 첫 번째 키워드는 **arm**,
고정 구문은 **He is ~ enough to ~** 입니다.
〈싸움의 기술〉이라는 영화를 보면 백윤식이 못된 깡패 녀석의 팔을 두 번이나 부러뜨리는 장면이 나옵니다. 그런데 남의 팔을 부러뜨리는 것이 기술만으로 되는 것은 아니죠. 그만큼 힘도 세야겠죠.

> **He is strong enough to break my arm.**
> 그는 내 팔을 부러뜨릴 정도로 힘이 세다.

〈캣 우먼 Cat Woman〉의 초반부에서는, 오랫동안 모델을 해왔던 샤론 스톤이 젊은 모델을 시기하여 다음과 같이 빗대어 말하는 내용이 나옵니다.

> **She is not old enough to drink.**
> 그녀는 술을 마실 정도로 나이가 들지 않았어요.

〈죽음의 땅 On Deadly Ground〉에서는, 부상 후 치료를 받고 떠날 때가 된 스티븐 시갈에게 에스키모 인이 다음과 같이 말하는 장면이 나옵니다.

> **You are healthy enough to make a journey.**
> 당신은 여행할 수 있을 정도로 충분히 건강해졌어요.

이와 같이 '그는 ~할 정도로 충분히 ~하다' 라는 표현은
He is + 형용사 + enough to ~, 로 말하면 됩니다.

실제상황

① 그는 밤에 묘지에 갈 정도로 대담하다.
He is bold enough to go to the cemetery at night.

② 그는 그 교수가 말한 것을 이해할 정도로 똑똑하다.
He is smart enough to understand what the professor said.

③ 그는 천장에 닿을 정도로 키가 크다.
He is tall enough to reach the ceiling.

Check it out
알고 있는 단어로
동사 move
명사 rock
형용사 rich
알고 싶은 단어로
동사 defeat
명사 marble
형용사 sociable

He admitted that he had ~ **Book**

이번 키워드는 **book**,
고정 구문은 **He admitted that he had ~** 입니다.
혹시 도서관에서 훔친 책들로만 자신의 방대한 서가를 채웠다는 사람의 이야기 들어보셨나요? 이 '곱게 미친' 사람의 이야기는 『젠틀 매드니스』라는 책에서 소개되기도 했었지요. 이 사람과 같은 독특한(?) 취미를 가졌던 걸까요? 한 남자가 도서관에서 책을 훔치다가 잡혔습니다. 책 도둑은 도둑이 아니라는 말도 있지만 절도 행위를 무조건 봐줄 수는 없겠죠. 그는 처음에는 극구 부인했지만 나중에 그의 가방에서 훔친 책이 나오자 결국 도둑질을 시인할 수밖에 없었답니다. 이 상황을 영어로 표현해 볼까요?

> **He admitted that he had stolen the book at the library.**
> 그는 도서관에서 책을 훔쳤다고 시인했다.

'그는 ~한 것을 시인했다' 라는 표현을 할 때는,
He admitted that he had + 과거분사, 로 시작하면 됩니다.
어떤 일을 하고 나서 시인을 하는 것이기 때문에 admitted 다음에는 과거 이전의 일을 표시하는 'had + 과거분사' 형태를 취해야 합니다.

실제상황

① 그는 그녀와 이메일을 교환한 것을 시인했다.
He admitted that he had exchanged e-mails with her.

② 그는 나에게 거짓말한 것을 시인했다.
He admitted that he had lied to me.

③ 그는 그녀를 강간하겠다고 협박한 것을 시인했다.
He admitted that he had threatened to rape her.

Check it out
알고 있는 단어로
동사 lose
명사 hotel
형용사 wrong
알고 싶은 단어로
동사 discriminate
명사 orchard
형용사 unfaithful

Church | How dare you ~

이번 키워드는 **church**, 고정 구문은 **How dare you ~**입니다.
목사의 아들이 주일 예배에 참석하지 않아서 아버지에게 이렇게 혼나고 있어요.

> **How dare you miss the church service?**
> 어떻게 네가 감히 교회 예배를 빠질 수 있니?

〈해리 포터와 비밀의 방 Harry Potter and the Chamber of Secrets〉에서는, 새가 전해주는 편지를 받자 그 편지가 다음과 같이 말하는 재밌는 장면이 나옵니다.

> **How dare you steal that car?**
> 어떻게 감히 그 차를 훔칠 수 있어?

〈잔 다르크 Joan of Ark〉에서는, 잔 다르크가 영국과의 전쟁에 앞서 장군들에게 이렇게 호통 치는 장면이 나옵니다.

> **How dare you stop me from God's will?**
> 어떻게 너희들이 신의 뜻을 거행하지 못하게 하는가?

이와 같이 '어떻게 네가 감히 ~할 수 있어?'라는 표현은
How dare you ~로 시작하면 됩니다.

실제상황

① 어떻게 네가 감히 그 논문을 비판할 수 있어?
How dare you criticize the thesis?

② 어떻게 네가 감히 그 계획에 반대할 수 있어?
How dare you object to the plan?

③ 어떻게 감히 그런 말을 내게 할 수 있어?
How dare you say such a thing to me?

Check it out
알고 있는 단어로
동사 bother
명사 law
형용사 unkind
알고 싶은 단어로
동사 assume
명사 criminal
형용사 arrogant

Do you know the reason why he ~   Door

이번 키워드는 **door**,
고정 구문은 **Do you know the reason why he ~**입니다.
조용하던 교실에서 누가 갑자기 문을 쾅 하고 닫고 나갔다면 깜짝 놀라겠죠? 다른 친구들도 깜짝 놀랐는지 고개를 들고 교실문 쪽을 쳐다보고 있었어요. 옆자리의 친구에게 무슨 일이냐고 물어봤습니다.

Do you know the reason why he slammed the door?
너 그가 문을 세게 닫고 나간 이유를 아니?

〈마이너리티 리포트 Minority Report〉에서는, 특수경찰인 탐 크루즈가 범죄 예상자가 되어 쫓기는 동안, 그의 아내가 경찰국장을 찾아와 이렇게 말하는 장면이 나옵니다.

**Do you know the reason
why John came here to work for you?**
존이 당신을 위해 일하러 여기에 온 이유를 아나요?

'너 그가 ~한 이유를 아니?' 를 표현하려면
Do you know the reason why he ~로 시작하면 됩니다.

실제상황

① 너 그가 포기한 이유를 아니?
  Do you know the reason why he gave up?

② 너 그가 부도난 이유를 아니?
  **Do you know the reason
    why he went bankrupt?**

③ 너 그가 정학당한 이유를 아니?
  **Do you know the reason
    why he was suspended from school?**

Check it out
알고 있는 단어로
동사 act
명사 soldier
형용사 sure
알고 싶은 단어로
동사 cheat
명사 foundation
형용사 exhausted

Eye All you have to do is ~

이번 키워드는 **eye**, 고정 구문은 **All you have to do is ~**입니다. 〈타이타닉 Titanic〉에서, 케이트 윈슬렛의 약혼자가 하인을 시켜 레오나르도 디카프리오를 잡아온 뒤 그를 묶어 놓고 했던 말 기억나세요? 그 대사가 영어로는 "Keep an eye on him."이었습니다. '그에게서 눈을 떼지 마' 라는 뜻이죠. 그럼 다음과 같은 표현도 영어로 해볼까요?

> **All you have to do is keep an eye on him.**
> 넌 그냥 그가 도망가지 않게 지켜보기만 하면 돼.

〈슈렉 Shrek〉에서는, 키 작은 영주 파콰드가 거울과 이야기하는 장면이 나옵니다. 이때 거울이 그에게 다음과 같이 말하는 장면이 나옵니다.

> **All you have to do is marry a princess.**
> 당신은 그냥 공주와 결혼하면 돼.

〈어비스 Abyss〉의 후반부에서는, 바다 속 깊이 시추기를 잡고 내려가야 되는 위험한 상황에서 다음과 같은 대사가 나옵니다.

> **All you have to do is hang on.**
> 너는 그냥 꽉 잡고 있으면 돼.

이처럼 '너는 그냥 ~만 하면 돼' 라는 표현은 All you have to do is ~로 시작하면 됩니다.

실제상황

① 너는 어떤 디자인이 네 양복에 적합한지 결정만 하면 돼.
All you have to do is decide which design is suitable for your suit.

② 너는 그 영화가 볼만한 가치가 있다는 것을 기억하면 돼.
All you have to do is remember that the movie is worth watching.

③ 넌 그냥 실험실 가는 길을 내게 알려주기만 하면 돼.
All you have to do is show me the way to the laboratory.

Check it out
알고 있는 단어로
동사 empty
명사 blanket
알고 싶은 단어로
동사 bleach
명사 burglar

I didn't mean to ~ Foot

이번 키워드는 **foot**, 고정 구문은 **I didn't mean to ~**입니다.

출퇴근 전철은 '지옥철'이라고 불릴 만큼 사람들이 빼곡하죠. 가끔은 사람들 틈에 낀 몸이 둥실 떠오른 느낌이 들 정도랍니다. 정말 몸이 공중에 뜬 거라면 저는 회사까지 날아가는 걸까요? 하하. 이런 썰렁한 생각을 하다보면 천만 다행으로 '지옥의 출구'에 도착하죠. 정말 지하철에서 나와 바깥바람을 쐬면 이런 생각이 절로 들어요. '바람이 분다. 살아야겠다.' 만약, 붐비는 전철 안에서 실수로 상대방 발을 밟았다면 당연히 바로 사과를 해야겠죠?

> **I didn't mean to step on your foot.**
> 당신의 발을 밟으려는 뜻은 아니었어요.

〈저지 걸Jersey Girl〉에서, 아이에게 심한 말을 한 것이 미안했던 아빠가 저녁에 아이가 자는 방에 들어가서 딸아이를 쓰다듬다가 아이가 깨자 이렇게 말합니다.

> **I didn't mean to wake you up.**
> 널 깨우려는 뜻은 아니었어.

이와 같이 상대에게 고의적으로 어떤 행위를 하지 않았을 때는
I didn't mean to ~로 시작하면 됩니다.

실제상황

① 당신의 감정을 상하게 하려는 뜻은 아니었어요.
I didn't mean to hurt your feelings.

② 그 문제를 더 복잡하게 만들려는 뜻은 아니었어요.
I didn't mean to make the matter more complicated.

③ 식사를 거르려는 뜻은 아니었어요.
I didn't mean to skip the meal.

Check it out
알고 있는 단어로
동사 hate
명사 frog
알고 싶은 단어로
동사 frighten
명사 beverage

Guitar   I'm getting ~

이번 키워드는 **guitar**, 고정 구문은 **I'm getting ~**입니다.
우리 영화 〈품행제로〉를 보면, 류승범이 그간 갈고 닦은 기타 실력으로 학교 축제에서 기타를 연주한 뒤에 박수갈채를 받는 장면이 나옵니다. 이제 유명 인사가 되는 건 시간문제인 것 같네요.

> **I'm getting famous for my guitar performance in school.**
> 나는 기타 연주로 학교에서 점점 유명해지고 있다.

〈흑기사 Black Knight〉에서는, 주인공이 춤을 제대로 추지 못하자 왕이 이렇게 말하는 장면이 나옵니다.

I'm getting impatient.
나는 점점 참을성이 없어지고 있어.

〈시카고 Chicago〉에서는, 아내의 살인 사건에 증인으로 나선 한 남자가 법정에서 변호사인 리처드 기어의 계속되는 질문을 어려워하며 이렇게 말하는 장면이 나옵니다.

I'm getting confused here.
나는 여기서 점점 더 혼란스러워지고 있어요.

이와 같이 '나는 점점 ~하고 있어' 라는 표현은
I'm getting + 형용사, 를 쓰면 됩니다.

실제상황

① 나는 영어를 유창하게 말하는 데 자신감이 생기고 있어.
I'm getting confident about speaking English fluently.

② 나는 점점 우울해지고 있어.
I'm getting gloomy.

③ 나는 점점 불편해지고 있어.
I'm getting uncomfortable.

Check it out
알고 있는 단어로
형용사 dizzy
알고 싶은 단어로
형용사 furious

I'd rather ~ | Hotel

이번 키워드는 **hotel**, 고정 구문은 **I'd rather ~**입니다.
부부가 여름휴가 계획을 세우고 있는데, 남편이 계곡이 있는 리조트로 가자고 하자 아내가 이렇게 말을 하네요.

> **I'd rather reserve a hotel close to the beach.**
> 나는 차라리 해변에서 가까운 호텔에 예약할래요.

〈에네미 앳 더 게이트 Enemy at the Gate〉에서는, 사령부에서의 근무를 요구하는 상관에게 한 여군이 이렇게 말하는 장면이 나옵니다.

> **I'd rather stay and fight.**
> 나는 차라리 남아서 싸울 거예요.

위더스푼의 코믹 연기가 돋보였던 〈금발이 너무해 Legally Blonde〉를 보면 이런 대사가 나옵니다.

> **I'd rather go to jail than lose my reputation.**
> 나는 내 명성을 잃느니 차라리 감옥에 가겠어요.

이와 같이 '나는 차라리 ~할 거예요' 라는 표현은
I'd rather ~로 시작하면 됩니다. I'd는 I would를 줄인 말입니다.

실제상황

① 나는 차라리 전철로 통근할 거야.
I'd rather commute by subway.

② 나는 차라리 검색엔진을 사용할 거야.
I'd rather use the search engines.

③ 나는 차라리 그 농구 경기를 **TV**로 볼 거야.
I'd rather watch the basketball game on TV.

Check it out
알고 있는 단어로
동사 turn
명사 valley
알고 싶은 단어로
동사 drain
명사 equipment

island | What if they don't ~

이번 키워드는 **island**, 고정 구문은 **What if they don't ~**입니다.
결국 앞의 부부는 타협점을 찾아, 계곡이 있는 섬으로 여름휴가를 갔습니다. 그런데 휴가를 마치고 돌아오는 길에 갑자기 불어 닥친 폭풍 때문에 섬에서 나오지 못하게 되었네요. 다음날에는 바로 회사에 출근을 해야 해서 걱정이 이만저만이 아니에요.

What if they don't get out of the island due to the storm?
그들이 폭풍 때문에 섬에서 나오지 못하면 어떡하지?

〈니모를 찾아서 Finding Nemo〉의 초반부에서, 아빠가 수많은 알을 보면서 아내에게 이렇게 말하는 장면이 나옵니다.

What if they don't like me?
그들이 나를 좋아하지 않으면 어떡하지?

〈하드 레인 Hard Rain〉에서는, 물에 거의 잠긴 교회 안으로 보안관들이 들이닥칠지도 모른다고 하니까 주인공이 이렇게 말하는 장면이 나옵니다.

What if they don't come?
그들이 오지 않으면 어떡하지?

이와 같이 '그들이 ~하지 않으면 어떡하지?'라는 표현은
What if they don't ~으로 시작하면 됩니다.

실제상황

① 그들이 그 대학으로부터 입학허가를 받지 못하면 어떡하지?
What if they don't get admissions from the university?

② 그들이 그 식당 예약을 못하면 어떡하지?
What if they don't make a reservation for the restaurant?

③ 그들이 부두에 나타나지 않으면 어떡하지?
What if they don't show up at the pier?

Check it out
알고 있는 단어로
동사 arrive
명사 work
알고 싶은 단어로
동사 surrender
명사 victim

Let me ~ **Juice**

이번 키워드는 **juice**, 고정 구문은 **Let me ~** 입니다.
〈뮬란 Mulan〉의 초반부에서는, 뮬란이 중매쟁이에게 신부 수업을 잘 받았는지 테스트를 받는 장면이 나옵니다. 그 중매쟁이가 뮬란에게 차를 따르라고 말하죠. 이때 대사가 "Pour the tea." 였어요. 집에 찾아온 손님에게 주스를 따라드리며 이렇게 말할 수 있겠죠.

Let me pour the juice.
제가 주스를 따를게요.

〈해리 포터와 마법사의 돌 Harry Potter and the Sorcerer's stone〉에서, 마법학교의 거울 속에서 돌아가신 부모님의 얼굴을 본 해리 포터에게 교장 선생님이 이렇게 말합니다.

Let me give you a clue.
내가 너에게 단서를 줄게.

〈툼 레이더 Tomb Raider〉에서는, 악당이 안젤리나 졸리를 물에 빠뜨리며 다음과 같이 말하는 장면이 나옵니다.

Let me test my theory.
내 이론을 시험하게 해줘.

이와 같이 '내가 ~하게 해주세요' 는 Let me ~ 로 시작하면 됩니다.

실제상황

① 자전거를 빌릴게요.
Let me rent a bike.
② 제가 한번 볼게요.
Let me take a look at it.
③ 수업료가 그에게 큰 부담이 될 거라고 그에게 말하게 해주세요.
Let me tell him that the tuition will be a great burden on him.

Check it out
알고 있는 단어로
동사 weigh
명사 scale
알고 싶은 단어로
동사 withdraw
명사 departure

Korea I'm gonna show you something ~

이번 키워드는 **Korea**,
고정 구문은 **I'm gonna show you something ~**입니다.
외국인에게 한국의 독특한 음식이나 풍습을 보여주려고 합니다. 다음과 같이 말할 수 있겠죠?

> **I'm gonna show you something unique about Korea.**
> 내가 한국에 대해 당신에게 뭔가 독특한 것을 보여줄게요.

〈어네스트 감옥에 가다 Ernest goes to Jail〉에서는, 어네스트의 친구가 조폭 두목에게 은행을 경비하는 특별한 방법을 보여주겠다고 하며 다음과 같이 말하는 장면이 나옵니다.

> **I'm gonna show you something new.**
> 내가 당신에게 뭔가 새로운 것을 보여줄게요.

〈모나리자 스마일 Mona Lisa Smile〉에서는, 술에 취한 동료 여선생이 줄리아 로버츠에게 다음과 같이 말하는 장면이 나옵니다.

> **Do you wanna know something funny?**
> 뭐 재밌는 걸 알고 싶어?

이와 같이 ~thing(anything, nothing, something)이나
somebody, someone, somewhere 등은 형용사가 뒤에서 수식합니다.

실세상황

① 너에게 뭔가 밝은 걸 보여줄게.
   I'm gonna show you something bright.
② 너에게 뭔가 특별한 것을 보여줄게.
   I'm gonna show you something special.
③ 너에게 뭔가 작은 것을 보여줄게.
   I'm gonna show you something tiny.

Check it out
알고 있는 단어로
형용사 **big**
알고 싶은 단어로
형용사 **impressive**

I do ~ **Love**

이번 키워드는 **love**, 고정 구문은 **I do ~**입니다.

사람마다 세상에서 가장 소중하다고 생각하는 것이 다르겠죠. 제가 세상에서 가장 소중하다고 생각하는 것은 '사람' 입니다. 항상 너무나 맛있는 반찬을 만들어 주시는 저의 집앞 반찬 가게의 아주머니가 안 계시다면 제 입은 얼마나 불행해질까요. 농부 분들이 안 계셔서 쌀을 구할 수 없다면 저는 12시간 안에 생지옥에 떨어질 거예요. 여러분이 세상에서 가장 소중하게 생각하는 것은 무엇인가요?

> **I do think love is the most precious thing in the world.**
> 나는 사랑이 이 세상에서 가장 소중한 것이라고 정말로 생각한다.

〈빅 피쉬 Big Fish〉에서는, 마을에 나타난 거인을 찾아간 주인공이 이렇게 말하는 장면이 나옵니다.

> **I do want you to leave.**
> 나는 정말로 당신이 떠나기를 바랍니다.

〈피터 팬 Peter Pan〉에서는 다음과 같은 대사가 여러 번 등장합니다.

> **I do believe in fairies.**
> 나는 정말로 요정을 믿습니다.

이와 같이 '나는 정말로 ~합니다' 는 **I do ~**로 시작하면 됩니다.
이 때의 do는 뒤에 나오는 동사의 뜻을 강조하며 '정말로' 라는 의미를 가집니다.

실제상황

① 나는 정말 너의 졸업을 축하해.
   I do celebrate your graduation.
② 나는 정말로 너를 미워해.
   I do hate you.
③ 나는 정말로 너의 아버지를 존경해.
   I do respect your father.

Check it out
알고 있는 단어로
명사 friendship
알고 싶은 단어로
명사 philanthropy

Mouth — Make sure that you ~

이번 키워드는 **mouth**, 고정 구문은 **Make sure that you ~**입니다.
엄마가 아이에게 남의 집에서 식사할 때의 예절을 가르치고 있어요. 말로는 이렇게 가르쳐 놓지만 아이가 얼마나 따를지는 모르겠어요.

> **Make sure that you don't talk with your mouth full when you eat meals.**
> 음식을 먹을 때는 반드시 음식을 입에 넣고 말하지 않도록 해.

〈아웃브레이크 Outbreak〉에서는, 엄마가 아이에게 세균에 감염되지 않도록 양치질을 당부하는 장면이 나옵니다.

Make sure that you brush your teeth before you go to bed.
자기 전에 이 닦는 거 확실히 해.

〈런어웨이 Runaway Jury〉에 보면 배심원들이 식사를 밖에서 주문해서 먹자며 다음과 같이 말하는 장면이 나옵니다.

Make sure that you circle what you want.
원하는 것에 동그라미 표시하는 거 확실히 하세요.

이와 같이 '너 반드시 ~하도록 해' 라는 말은
Make sure that you ~로 시작하면 됩니다.

실제상황

① 너 반드시 그 장례식에 참석하도록 해.
   Make sure that you attend the funeral.
② 너 반드시 화장실 물 내리도록 해.
   Make sure that you flush the toilet.
③ 너 반드시 오늘부터 도박하지 않도록 해.
   Make sure that you don't gamble from today on.

Check it out
알고 있는 단어로
동사 fasten
명사 voice
알고 싶은 단어로
동사 spit
명사 fluorescent light

Is this the man who ~ | Nurse

이번 키워드는 **nurse**, 고정 구문은 **Is this the man who ~** 입니다.
간호원이 어떤 남자에게 잔인하게 살해당하는 끔찍한 사건이 있었습니다. 살해범은 이주일 만에 붙잡혔어요. 재판장에 끌려들어가는 살해범의 모습을 TV로 보던 동생이 이렇게 말하네요.

Is this the man who murdered the nurse brutally?
이 사람이 그 간호사를 잔인하게 살해한 남자야?

〈삼총사 The Three Musketeers〉의 마지막 부분에서, 어린 왕이 달타냥에게 이런 말을 하는 장면이 나옵니다.

Is this the man who saved my life?
이 사람이 내 목숨을 구해준 남자야?

〈사랑과 영혼 Ghost〉에서는, 친구에게 죽임을 당한 뒤 영혼이 된 패트릭 스웨이지가 아내를 찾아와 이렇게 알리는 장면이 나옵니다.

The man who killed me broke into my apartment.
나를 죽인 그 남자가 지금 내 아파트에 침입했어.

이와 같이 '이 사람이 ~한 사람인가요' 라는 표현은
Is this the man who ~ 로 시작하면 됩니다.

실제상황

① 이 사람이 이 사고가 일어나도록 만든 사람인가요?
Is this the man who made this accident happen?

② 이 사람이 그 비상 버튼을 누른 사람인가요?
Is this the man who pressed the emergency button?

③ 이 사람이 이 원고를 출판사에 보낸 사람인가요?
Is this the man who sent this manuscript to the publishing company?

Check it out
알고 있는 단어로
동사 earn
명사 lawyer
알고 싶은 단어로
동사 supervise
명사 robber

Orange — Could you stop ~

이번 키워드는 **orange**, 고정 구문은 **Could you stop ~**입니다.
뷔페식당은 접시만 있으면 양껏 음식을 덜어 먹을 수 있는 곳이죠. 그래서 저는 뷔페식당을 좋아한답니다. 그런데 좀 야박한 뷔페식당도 있어요. 한 여성이 오렌지를 너무 많이 먹자 식당 직원이 그녀에게 이렇게 말했어요.

> **Could you stop eating the oranges so that all the customers can taste them?**
> 모든 손님들이 맛볼 수 있도록 그 오렌지를 그만 먹을 수 없나요?

〈패밀리 맨 Family Man〉에서는, 니콜라스 케이지가 아내에게 이렇게 말하는 장면이 나옵니다.

> **Could you please stop yelling at me?**
> 나에게 그만 소리칠 수 없어?

〈조지 오브 정글 2 Geroge of the Jungle 2〉에서는, 한 백인이 도박장에서 시끄럽게 노래를 부르자 고릴라가 다음과 같이 말하는 장면이 나옵니다.

> **Could you stop singing?**
> 노래 그만 부를 수 없어?

실제상황

① 그만 좀 그녀를 괴롭힐 수 없어요?
   Could you stop bothering her?
② 음식 불평 좀 그만할 수 없어요?
   Could you stop complaining about the food?
③ 그만 소란을 피울 수 없어요?
   Could you stop making a noise?

Check it out
알고 있는 단어로
동사 make
명사 mistake
알고 싶은 단어로
동사 snore
명사 corridor

Why are you ~ing Prison

이번 키워드는 **prison**, 고정 구문은 **Why are you ~ing**입니다.
기껏 잡은 범인을 상부의 지시로 석방해야만 한다면 형사가 다음과 같이 항의할 것입니다.

> **Why are you releasing the criminal from prison?**
> 왜 그 범인을 감옥에서 풀어줘야 하는 건데요?

〈인디펜던스 데이 Independence Day〉에서는, 지구에 닥친 위기를 구하기 위해 밖으로 나가는 윌 스미스에게 아내가 이렇게 말하는 장면이 나옵니다.

> **Why are you acting like this?**
> 왜 이런 식으로 행동하는 거야?

〈슈렉 Shrek〉의 초반부에서는, 슈렉이 처음 만난 당나귀 동키가 계속 자신을 따라오자 이렇게 말하는 장면이 나옵니다.

> **Why are you following me?**
> 왜 나를 따라오는 거야?

실제상황

① 왜 나를 성가시게 구는 거야?
   Why are you annoying me?
② 왜 나를 비웃는 거야?
   Why are you laughing at me?
③ 왜 울고 있니?
   Why are you weeping?

Check it out
알고 있는 단어로
동사 laugh
명사 moon
알고 싶은 단어로
동사 seduce
명사 couch

Rose I'm so happy to ~

이번 키워드는 **rose**, 고정 구문은 **I'm so happy to ~**입니다.
새로 전원주택을 장만했는데 창 밖으로 장미 정원이 내려다보이는 멋진 집이랍니다. 아주 기분이 좋겠죠?

> **I'm so happy to purchase the residence that overlooks the rose garden.**
> 장미 정원이 내려다보이는 저택을 구입하게 되어 정말 기쁘다.

〈노트북 The Notebook〉에서는, 기억상실증에 걸린 할머니가 손녀를 보고 다음과 같이 말하는 장면이 나옵니다.

> **I'm so happy to meet you.**
> 너를 만나서 정말 기쁘다.

〈제리 맥과이어 Jerry McGuire〉에서는, 에이전트인 탐 크루즈가 회사를 박차고 나온 후, 처음으로 만난 미식축구 선수에게 다음과 같이 말하는 장면이 나옵니다.

> **I'm happy to entertain you.**
> 나는 당신을 즐겁게 해줘서 기뻐요.

이처럼 '나는 ~해서 정말 기쁘다'는
I'm so happy to ~로 시작하면 됩니다.

실제상황

① 나는 석사 학위를 받게 되어 정말 기쁘다.
I'm so happy to acquire a master degree.

② 나는 그 다리 공사를 끝내게 되어 정말 기쁘다.
I'm so happy to finish constructing the bridge.

③ 나는 당신을 위해 추천장을 쓰게 되어 정말 기쁘다.
I'm so happy to write a letter of recommendation for you.

Check it out
알고 있는 단어로
동사 walk
명사 musician
알고 싶은 단어로
동사 qualify
명사 astronaut

My duty is to ~   Stamp

이번 키워드는 **stamp**, 고정 구문은 **My duty is to ~**입니다.
동창회를 만들었다는 소식을 동창들에게 전하려고 합니다. 처음에 모인 몇 명이 각자 역할 분담을 해서 이 일을 하기로 했어요. 그 중 한 명은 우표를 봉투에 붙이는 일을 맡기로 했죠. 그가 의미심장한 표정으로 이렇게 말하네요.

> **My duty is to go to the post office,
> buy stamps and put them on the envelopes.**
> 내 의무는 우체국에 가서 우표를 사서 봉투에 붙이는 것이다.

〈K-19〉에서는, 러시아 핵잠수함이 항해 도중 폭발할 위험에 처하자 우선 대원들을 살리자고 하는 부함장에게 함장인 해리슨 포드가 이렇게 말하는 장면이 나옵니다.

> **My duty is to defend the state.**
> 내 의무는 국가를 방어하는 것이다.

이처럼, '내 의무는 ~하는 것이다' 라는 표현은
My duty is to ~로 시작하면 됩니다.

실제상황

① 내 의무는 군중을 해산시키는 것이다.
   My duty is to disperse the crowd.
② 내 의무는 그 아이를 보호하는 것이다.
   My duty is to protect the child.
③ 내 의무는 수도를 수호하는 것이다.
   My duty is to safeguard the capital city.

Check it out
알고 있는 단어로
동사 support
명사 area
알고 싶은 단어로
동사 testify
명사 proof

Tree   There is a man trying to ~

이번 키워드는 **tree**, 고정 구문은 **There is a man trying to ~**입니다. 뒤뜰에 나무가 있는데 그곳을 올라가려는 사람이 있네요. 위험하지 않을까요? 나무가 상하진 않을까요? 아무래도 누군가에게 이 일을 알려야겠죠?

> **There is a man trying to climb a tree in the backyard.**
> 뒤뜰의 나무에 올라가려고 하는 사람이 있다.

〈인트리피드 Intrepid〉에서는, 암초에 걸려 침몰하는 배 안에서 한 여자가 다음과 같이 말하는 장면이 나옵니다.

> **There is a man trying to kill me.**
> 나를 죽이려는 사람이 있어요.

〈컨스피러시 Conspiracy Theory〉에서는, 소방관으로 위장하여 현장에서 도망치던 멜 깁슨이 자신을 목격한 줄리아 로버츠에게 이렇게 말하는 장면이 나옵니다.

> **I'm just a guy trying to put out the fire.**
> 나는 불을 끄려는 사람에 불과합니다.

'~하려는 사람이 있다'라는 표현은
There is a man trying to ~로 시작하면 됩니다.

실제상황

① 다리에서 자살하려는 사람이 있습니다.
   There is a man trying to commit suicide on the bridge.
② 강을 헤엄쳐 가려는 사람이 있습니다.
   There is a man trying to swim across the river.
③ 앞차에 바짝 따라붙으려는 사람이 있습니다.
   There is a man trying to tailgate the car ahead.

Check it out
알고 있는 단어로
동사 shoot
명사 squirrel
알고 싶은 단어로
동사 measure
명사 fire extinguisher

I'm sure you will ~ | University

이번 키워드는 **university**, 고정 구문은 **I'm sure you will ~**입니다.
목사인 아버지가 이번에 대학에 들어가는 자신의 아들에게 이렇게 말을 했습니다.

> **I'm sure you will major in theology at the university.**
> 나는 네가 대학에서 신학을 전공할 것을 확신해.

〈에너미 앳 더 게이트 Enemy at the Gate〉에서는, 한 장교가 자신이 발굴한 러시아 저격수를 지목하며 상관에게 다음과 같이 말하는 장면이 나옵니다.

> **I'm sure he will succeed.**
> 난 그가 성공할 거라고 확신합니다.

〈퀘스트 The Quest〉에서는, 배의 선장이 경찰의 추적을 피해 배에 탄 주인공에게 이렇게 말하는 장면이 나옵니다.

> **I'm sure the sharks will enjoy you.**
> 상어들이 틀림없이 널 맛있게 먹을걸.

'나는 네가 ~할 것을 확신해' 라는 표현은
I'm sure you will ~로 시작하면 됩니다.

실제상황

① 나는 네가 정오까지 이 보고서를 끝낼 거라고 확신해.
I'm sure you will complete this report by noon.

② 내가 어려울 때 네가 나를 도와줄 거라고 나는 확신해.
I'm sure you will help me when I'm in need.

③ 나는 너의 남은 삶을 나와 함께 보낼 것을 확신해.
I'm sure you will spend the rest of your life with me.

Check it out
알고 있는 단어로
동사 hire
명사 player
알고 싶은 단어로
동사 float
명사 cemetery

Violin | Is that your ~

이번 키워드는 **violin**, 고정 구문은 **Is that your ~**입니다.
한 소녀가 공항 터미널에서 바이올린을 잃어버렸어요. 그런데 사방팔방을 뛰어다니며 정신없이 바이올린을 찾고 있는 소녀에게 한 신사가 느긋하게 다가와 이렇게 묻네요.

> **Is that your violin you are looking for?**
> 저게 네가 찾고 있는 바이올린이니?

〈아이, 로봇 I. Robot〉의 초반부에서, 로봇이 지갑을 훔쳐 달아나는 것으로 오해하고 로봇을 붙잡은 후 지갑 주인에게 다음과 같이 물어보는 장면이 나옵니다.

> **Is that your purse?**
> 저것이 당신 지갑인가요?

〈시스터 액트 Sister Act〉에는, 수녀로 변장한 우피 골드버그에게 이렇게 물어보는 장면이 나옵니다.

> **Is that your real name?**
> 저것이 당신 진짜 이름인가요?

이와 같이 '저것이 너의 ~니?' 라는 표현은 **Is that your ~**로 시작하면 됩니다.

실제상황

① 저것이 당신 나침반인가요?
   Is that your compass?
② 저것이 당신 돋보기인가요?
   Is that your magnifying glass?
③ 저것이 당신 스테이플러인가요?
   Is that your stapler?

Check it out
알고 있는 단어로
동사 cell phone
알고 싶은 단어로
동사 razor

You will be ~ | Women

이번 키워드는 **women**, 고정 구문은 **You will be ~**입니다.
직장에서 성희롱하면 큰일 나는 거 아시죠. 직장에서만이 아니라 어떤 상황에서라도 성희롱은 무거운 처벌을 받는 범죄랍니다.

> **You will be sued if you harass women in the company.**
> 회사에서 여성을 희롱하면 너는 고소를 당할 거야.

〈하트의 전쟁 Hart's War〉에서는, 포로수용소에서 일어난 살인 사건의 재판에서 변호를 맡은 콜린 파렐이 차별을 받고 있는 흑인 장교에게 다음과 같이 말하는 장면이 나옵니다.

You will be executed.
당신은 처형될 거야.

〈열두 명의 웬수들 Cheaper by the dozen〉에서는, 한 아이가 아빠에게, 자신에게 다트를 던진 아이를 혼내달라고 말하는 장면이 나옵니다.

He will be punished.
그는 벌을 받을 거야.

'너는 ~하게 될 거야' 라는 표현은
You will be + 과거분사, 로 표현하면 됩니다.

실제상황

① 탈세하면 당신은 구속될 거야.
　You will be arrested if you evade taxes.
② 항의하면 너는 맞을 거야.
　You will be hit if you protest.
③ 지각하면 너는 꾸중을 들을 거야.
　You will be scolded if you are late.

Check it out
알고 있는 단어로
동사 praise
명사 chairman
알고 싶은 단어로
동사 nominate
명사 conference room

Youth She seems to ~

이번 키워드는 **youth**, 고정 구문은 **She seems to ~**입니다.
나이는 좀 들어 보이지만 여전히 아름다움을 유지하고 있는 여성들이 많이 있습니다. 젊을 때부터 그렇게 아름다웠을까요?

She seems to have been a beauty in her youth.
그녀는 젊었을 때 미인이었던 것처럼 보인다.

〈흑백소동 Amos&Andrew〉에서는, 백인 인질을 잡고 있는 흑인 도둑이 경찰과 협상하려는 것처럼 보이자 이렇게 말하는 장면이 나옵니다.

He seems to wanna communicate now.
그가 이제 의사소통을 하고 싶어하는 것 같은데요.

〈금발이 너무해 Legally Blonde〉에서는 이런 대사가 나옵니다.

She seems to be completely untrustworthy.
그녀는 정말 신뢰할 수 없는 여자인 것 같아.

이와 같이 '그녀는 ~인 것처럼 보인다' 는
She seems to ~로 시작하면 됩니다.

실제상황

① 그녀는 약간 늦게 도착할 것처럼 보인다.
   She seems to arrive a little later.
② 그녀는 그 소식을 듣고 충격을 받은 것처럼 보인다.
   She seems to be shocked by the news.
③ 그녀는 그 마을을 영원히 떠날 것처럼 보인다.
   She seems to leave the town forever.

Check it out
알고 있는 단어로
동사 join
명사 model
알고 싶은 단어로
동사 pretend
명사 receptionist

How often do you ~   Zoo

이번 키워드는 **zoo**, 고정 구문은 **How often do you ~** 입니다.
저는 종종 친구와 동물원 나들이를 간답니다. 코끼리를 좋아해서 가끔씩 만나러 가는 거예요. 여러분도 종종 동물원에 가나요?

> **How often do you go to the zoo with your friends?**
> 얼마나 자주 친구와 동물원에 가나요?

〈너티 프로페서 2 Nutty Professor 2〉의 초반부에서는, 정신과 의사가 에디 머피에게 이렇게 물어보는 장면이 나옵니다.

How often do you have this dream?
얼마나 자주 이런 꿈을 꾸나요?

〈리틀 빅 히어로 Accidental Hero〉의 초반부에서는, 법정에서 재판을 받고 나온 더스틴 호프만에게 그의 국선변호인이 다음과 같이 묻는 장면이 나옵니다.

How often do you see your son?
얼마나 자주 아들을 보나요?

이와 같이 '얼마나 자주 ~하나요?'는
How often do you ~ 로 시작하면 됩니다.

실제상황

① 얼마나 자주 낚시 가시나요?
   How often do you go fishing?
② 얼마나 자주 테니스를 치시나요?
   How often do you play tennis?
③ 얼마나 자주 고향에 가나요?
   How often do you visit your hometown?

Check it out
알고 있는 단어로
동사 climb
명사 temple
알고 싶은 단어로
동사 observe
명사 amusement park

Part I · II · III · IV 100개 키워드 문장 총 정리

album __ I want you to show me the album.

angel __ We regard her as an angel.

apartment __ You can't move to a more spacious apartment unless you work hard.

arm __ He is strong enough to break my arm.

baby __ I told you not to make the baby cry.

bicycle __ You deserve to receive a bicycle as you won the first place in the final exams.

body __ I didn't realize that keeping the body healthy is important, either.

book __ He admitted that he had stolen the book at the library.

chair __ Do you mind if I borrow the chair?

children __ I don't like the way you treat children.

chimney __ Don't ask me to clean the chimney.

church __ How dare you miss the church service?

dish __ Don't forget to wash the dishes before you go out.

doctor __ I wish I were a doctor.

dog __ I'm too scared to approach the dog.

door __ Do you know the reason why he slammed the door?

elevator __ Why don't you take the elevator?

English __ I remember memorizing as many English sentences as possible when I was a high school student.

eraser __ Which one is your eraser?

eye __ All you have to do is keep an eye on him.

farmer __ You must be a farmer.

father __ You should have obeyed your father while he was alive.

flower __ When was the last time you gave your wife flowers as a gift?

foot __ I didn't mean to step on your foot.

game __ I'm ready to play the computer game.

gloves __ I don't want to take off my gloves because it is too cold.

grape __ It was at the grocery store that she bought three bunches of grapes.

guitar   I'm getting famous for my guitar performance in school.
hair   What happened to your hair?
handkerchief   There is a handkerchief on the table.
head   We had no choice but to laugh at the teacher's shiny bald head.
hotel   I'd rather reserve a hotel close to the beach.
ice   You are not allowed to sled on the thin ice.
ink   I feel like writing a composition on global warming in blue ink today.
iron   Can't you see I'm busy ironing the suit?
island   What if they don't get out of the island due to the storm?
jean   What kind of jeans do you like?
job   If I were you, I would quit the job and find another one.
judge   He grew up to be a judge.
juice   Let me pour the juice.
key   I know where the key is.
kite   I'm here to make a wish for the year, flying a kite.
knife   The fact is that she stabbed the tyrant with a knife.
Korea   I'm gonna show you something unique about Korea.
lake   It is dangerous to cross the lake without using a boat.
lemon   The lemon tastes sour.
letter   I spent two hours writing a letter last night.
love   I do think love is the most precious thing in the world.
magazine   What is your favorite magazine?
milk   Promise me that you will be careful when you drink milk.
mountain   What a beautiful mountain it is!
mouth   Make sure that you don't talk with your mouth full when you eat meals.
name   I am about to write my name on the application form.

newspaper   How long have you been reading the newspaper?
novelist   I wonder if you will be a novelist.
nurse   Is this the man who murdered the nurse brutally?
oasis   He has little chance of finding an oasis in the middle of the desert.
office   I'll take you to the office on my way home.
onion   I had trouble peeling onions in the kitchen.
orange   Could you stop eating the oranges so that all the customers can taste them?
pencil   This is the pencil I want to buy.
people   There are few people who can predict what will happen in the future.
picnic   It's time to go on a picnic.
prison   Why are you releasing the criminal from prison?
queen   I know how elegant the queen is.
question   I found it difficult to find a solution to the question.
rabbit   This is the place where I will catch rabbits.
refrigerator   Thank you for fixing the refrigerator.
room   What do you think you are doing in my room?
rose   I'm so happy to purchase the residence that overlooks the rose garden.
school   You don't have to go to school.
sea   I don't think he is afraid of rescuing the drowning child in the sea.
shoulder   I was really surprised when someone tapped me on the shoulder.
stamp   My duty is to go to the post office, buy stamps and put them on the envelopes.
teeth   When did you brush your teeth?
theater   This is the only way to evacuate from the theater in case there is a fire.

train _ The train has just arrived at the station.
tree _ There is a man trying to climb a tree in the backyard.
umbrella _ It will take you a few hours to get your umbrella back from the lost and found.
uncle _ There is no evidence that he murdered his uncle to inherit a large fortune.
uniform _ They demanded that he wear the uniform on duty.
university _ I'm sure you will major in theology at the university.
vase _ I don't know how to arrange flowers in the vase.
video _ You are not supposed to watch the video because it has lots of violent scenes.
village _ No matter what happens, I have to reach the village in time.
violin _ Is that your violin you are looking for?
wall _ I saw you lean against the wall and have a conversation with someone.
weekend _ Let's go find something to do this weekend.
wife _ How could you be so cruel to your wife?
women _ You will be sued if you harass women in the company.
x-ray _ You'd better have your ankle x-rayed in the hospital.
xylophone _ I used to play the xylophone when I was young.
yacht _ I can't keep sailing by yacht anymore because I'm too exhausted.
year _ You look much more beautiful this year.
yellow _ Mix red with yellow and you will get orange.
youth _ She seems to have been a beauty in her youth.
zebra _ Have you seen the zebra?
zero _ That's why he worked late into the night even though the temperature was ten degrees below zero.
zone _ I don't understand those who speed up at the school zone.
zoo _ How often do you go to the zoo with your friends?

Part I · II · III · IV 100개 키워드 문장 대상 표현결합

1. 그는 판사가 될 정도로 똑똑하다.
   He is smart enough to be a judge. (arm + judge)

2. 그는 그 아기를 울린 것을 시인했다.
   He admitted that he had made the baby cry. (book + baby)

3. 어떻게 네가 감히 그의 어깨를 두드릴 수 있어?
   How dare you tap him on the shoulder? (church + shoulder)

4. 너는 그가 왜 선생님 말에 복종하지 않았는지 아니?
   Do you know the reason why he didn't obey his teacher? (door + father)

5. 넌 그냥 나를 사무실에 데려다주기만 하면 돼.
   All you have to do is take me to the office. (eye + office)

6. 나는 아기를 울리려는 뜻은 아니었어요.
   I didn't mean to make the baby cry. (foot + baby)

7. 나는 늦게까지 일하곤 했다.
   I used to work late. (xylophone + zero)

8. 나는 차라리 엘리베이터를 타고 갈래요.
   I'd rather take the elevator. (hotel + elevator)

9. 그들이 만약에 나에게 그 서류를 보여주지 않으면 어떡하지?
   What if they don't show me the document? (island + album)

10. 내가 당신에게 수영하는 법을 가르치게 해주세요.
    Let me teach you how to swim. (juice + vase)

11. 나는 당신에게 지금 막 뭔가 독특한 것을 보여주려고 하고 있습니다.
    I'm about to show you something unique. (name + Korea)

12. 너는 벽에 기대지 않는 게 좋을 거야.

    You'd better not lean against the wall. (x-ray + wall)

13. 아기 울리지 않을 것을 확실히 해라.

    Make sure you don't make the baby cry. (mouth + baby)

14. 이 사람이 너를 사무실에 데려다준 사람이야?

    Is this the man who took you to the office? (nurse + office)

15. 양파 좀 그만 깔 수 없나요?

    Could you stop peeling onions? (orange + onion)

16. 왜 아기를 울리는 거야?

    Why are you making the baby cry? (prison + baby)

17. 일등을 해서 너무 기쁘다.

    I'm so happy to win the first place. (rose + bicycle)

18. 이게 당신 지우개인가요?

    Is that your eraser? (violin + eraser)

19. 내게 보물을 보여주면 당신은 석방될 겁니다.

    You will be released if you show me the treasure.
    (women + album)

20. 얼마나 자주 우체국에 가나요?

    How often do you go to the post office? (zoo + stamp)

Part I · II · III · IV 100개 키워드 문장 대상 구조결합

자, 이제 키워드 100개의 문장을 가지고 구조결합 문장을 만들어 봅시다.
예를 하나 들어볼까요.
'왜 그가 당신을 배신하도록 내버려두었나요?'를 영어로 옮겨볼까요.

'왜 당신은 ~했나요'는 teeth의 키워드 문장을 변형하여 Why did you ~를 떠올립니다. 그리고 '~가 ~하도록 하다'는 juice의 키워드 문장을 변형하여 let him betray를 생각해냅시다. 그러면 두 개의 구조를 합치면 위의 내용을 쉽게 영어로 만들 수 있습니다.

Why did you let him betray you?

〈나홀로 집에 2 Home Alone 2〉에서, 케빈이 공원에 거지처럼 살고 있는 한 여자와 친해지면서 다음과 같이 말하는 장면이 나옵니다.

Why did you let him leave?
왜 당신은 그가 떠나게 했나요?

예를 하나 더 들어 볼까요.
'사실은 내가 그녀를 정말로 사랑했다는 거야'라는 문장을 영어로 한다고 생각해보세요.

'사실은 ~인 것이야'는 The fact is that의 구조를 활용하고,
'정말로 ~했다'는 I do think ~ 구조를 이용하면 됩니다. 그럼 문장을 만들어볼까요.

The fact is that I did love her.

〈알렉산더 Alexander〉에 보면 알렉산더의 아버지인 선왕이 죽었을 때 다음과 같이 말하는 장면이 나옵니다.

The truth is we did kill him.
진실은 우리가 그를 죽였다는 것이야.

위 문장은 knife와 love의 키워드 문장의 구조를 합한 것임을 쉽게 알 수 있을 겁니다. 다음은 100개의 키워드 문장으로 구조결합한 문장들의 예입니다. 참고하세요.

1. 나는 네가 뭔가 재미있는 걸 이야기해주었으면 좋겠다.
   I want you to tell me something funny. (album + Korea)

2. 그는 그녀에게 그 여자가 일하는 사무실이 어디에 있는지 말해준 것을 시인했다.
   He admitted that he had told her where the office where the woman works is. (book + key + rabbit)

3. 그녀가 일하는 그 공장은 아주 거대해 보인다.
   The factory where she works looks very enormous.
   (rabbit + year)

4. 그는 그녀에게 불어로 말하는 법을 가르칠 정도로 똑똑하다.
   He is smart enough to teach her how to speak French.
   (arm + vase)

5. 네가 백화점에서 어제 산 그 팔찌는 아주 비싸 보인다.
   The bracelet I bought at the department store yesterday looks very expensive. (pencil + year)

6. 어떻게 네가 감히 그녀가 사는 마을로 그를 데리고 갈 수 있어?
   How dare you take him to the village where she lives?
   (church + rabbit)

7. 그 소녀를 죽인 그 남자는 아주 잔인해 보인다.
   The man who killed the girl looks very cruel. (nurse + year)

8. 만약에 그들이 그곳에 가는 법을 알려주지 않으면 어떡하지?
   What if they don't show me how to get there? (island + vase)

9. 나는 네가 그녀가 살고 싶어하는 집을 사줄 것으로 확신한다.
   I'm sure you will buy her the house where she wants to live.
   (university + rabbit + gloves 변형)

10. 너는 그냥 뭔가 재미있는 것을 내게 보여주기만 하면 된다.
    All you have to do is show me something funny. (eye + Korea)

11. 뭔가 심각한 일이 벌어지려고 하고 있다.
    Something serious is about to happen. (Korea + name)

12. 나는 네가 그가 시험에 떨어진 이유를 나에게 말해줬으면 좋겠다.
    I want you to tell me the reason why he failed the exam.
    (album + door)

13. 내가 일하는 그 서점에서 책을 훔치려는 사람이 있다.
    There is a man trying to steal a book at the bookstore where I work. (tree + rabbit)

14. 뭔가 의미 있는 일을 하게 되어 기쁘다.
    I'm so happy to do something meaningful. (rose + Korea)

15. 그 범인이 어디 있는지 내가 너에게 말하게 해줘.
    Let me tell you where the criminal is. (juice + key)

16. 나는 네가 그 모든 어려움을 극복할 수 있도록 강해졌으면 좋겠다.
    I want you to be strong enough to overcome all the difficulties.
    (album + arm)

17. 나는 그가 뭔가 이상한 것을 보여주었을 때 정말로 놀랐다.
    I was really surprised when he showed me something strange.
    (shoulder + Korea)

18. 나는 내 돈을 훔친 그 남자를 찾고 싶다.
    I want to find the man who stole my money. (gloves 변형 + nurse)

19. 나는 네가 그 보물을 숨긴 곳이 그 동굴이라고 생각하지 않는다.
    I don't think it was in the cave that you hid the treasure.
    (sea + grape)

20. 그녀에 대해 뭔가 다른 점 알아채지 못했어?
    Have you noticed anything different about her? (zebra + Korea)

04
Variation

변형구문

Album __ **I want you to ~**

변형1　I don't want you to (나는 네가 ~하지 않았으면 좋겠다.)

실제상황　① 나는 네가 집에 가지 않았으면 좋겠다.
　　　　　　I don't want you to go home.
　　　　　② 나는 네가 거실에서 담배를 피우지 않았으면 좋겠다.
　　　　　　I don't want you to smoke in the living room.
　　　　　③ 나는 네가 운전대를 잡지 않았으면 좋겠다.
　　　　　　I don't want you to take the wheel.

변형2　Do you want me to ~ (너는 내가 ~했으면 좋겠니?)

실제상황　① 넌 내가 그 회의에 참석했으면 좋겠니?
　　　　　　Do you want me to attend the meeting?
　　　　　② 넌 내가 그 목걸이를 사줬으면 좋겠니?
　　　　　　Do you want me to buy you the necklace?
　　　　　③ 넌 내가 널 집에 데려다주었으면 좋겠니?
　　　　　　Do you want me to take you home?

* Do you want me to ~ 는 줄여서 You want me to ~ 로 말하기도 한다는 것도 기억해 둡시다.

Angel __ **We regard her as ~**

변형1　They blame me for ~ (그들은 내가 ~한 것을 비난한다.)

실제상황　① 그들은 내가 그 위원회에 항상 늦는 것을 비난한다.
　　　　　　They blame me for being late for the committee all the time.
　　　　　② 그들은 내가 친구를 배신한 것을 비난한다.
　　　　　　They blame me for betraying my friend.
　　　　　③ 그들은 내가 그의 허락 없이 협상한 것을 비난한다.
　　　　　　They blame me for negotiating without his permission.

변형2　I will protect you from ~ (나는 너를 ~로부터 보호해줄 거야.)

실제상황　① 나는 네가 납치당하는 것으로부터 보호해줄 거야.
　　　　　　I will protect you from being kidnapped.
　　　　　② 나는 네가 살해당하는 것으로부터 보호해줄 거야.
　　　　　　I will protect you from being murdered.
　　　　　③ 나는 너를 위험으로부터 보호해줄 거야.
　　　　　　I will protect you from danger.

변형3　I will translate the 명사 into ~ (나는 그 ~를 ~으로 번역할 거야.)

실제상황　① 나는 그 기사를 불어로 번역할 거야.
　　　　　I will translate the article into French.
　　　　② 나는 그 책을 영어로 번역할 거야.
　　　　　I will translate the book into English.
　　　　③ 나는 그 문장을 일어로 번역할 거야.
　　　　　I will translate the sentence into Japanese.

변형4　This reminds me of ~ (이것은 내게 ~을 생각나게 한다.)

실제상황　① 이것은 내게 내 어린 시절을 생각나게 한다.
　　　　　This reminds me of my childhood.
　　　　② 이것은 내게 내 전처를 생각나게 한다.
　　　　　This reminds me of my ex-wife.
　　　　③ 이것은 내게 내 약혼자를 생각나게 한다.
　　　　　This reminds me of my fiance.

변형5　I'll devote myself to ~ (나는 ~에 몰두할 거야.)

실제상황　① 나는 지금부터 내 사업에 몰두할 거야.
　　　　　I'll devote myself to my business from now on.
　　　　② 나는 그 프로젝트에 몰두할 거야.
　　　　　I'll devote myself to the project.
　　　　③ 나는 그 난민들을 돕는데 몰두할 거야.
　　　　　I'll devote myself to the refugees.

변형6　I'll fill 명사 with ~ (나는 ~을 ~로 가득 채울 거야.)

실제상황　① 나는 수족관을 물로 가득 채울 거야.
　　　　　I'll fill the aquarium with water.
　　　　② 나는 그 병을 사탕으로 가득 채울 거야.
　　　　　I'll fill the bottle with candies.
　　　　③ 나는 정원을 야생화로 가득 채울 거야.
　　　　　I'll fill the garden with wild flowers.

Arm __ **He is ~ enough to ~**

변형1   He is not 형용사 enough to ~ (그는 ~할 정도로 충분히 ~하지 않다.)

실제상황   ① 그는 사람들의 시선을 끌 정도로 미남이 아니다.

He is not handsome enough to attract attention.

② 그는 그 비싼 차를 살 정도로 부자가 아니다.

He is not rich enough to buy such an expensive car.

③ 그는 같은 실수를 두 번 할 정도로 멍청하지 않다.

He is not stupid enough to make the same mistake twice.

Baby __ **I told you not to ~**

변형1   I told you to ~ (내가 ~하라고 말했지.)

실제상황   ① 내가 그녀와 헤어지라고 말했지.

I told you to break up with her.

② 내가 열심히 공부하라고 말했지.

I told you to study hard.

③ 내가 일찍 일어나라고 말했지.

I told you to wake up early.

Bicycle __ **You deserve to ~**

변형1   You don't deserve to ~ (넌 ~할 자격이 없어.)

실제상황   ① 넌 그에게 충고할 자격이 없어.

You don't deserve to advise him.

② 넌 그의 은인이 될 자격이 없어.

You don't deserve to be his benefactor.

③ 넌 네 권리를 주장할 자격이 없어.

You don't deserve to insist your rights.

Body __ **I didn't ~, either.**

변형1   I don't ~ , either. (나도 역시 ~하지 않아.)

실제상황   ① 나도 역시 너를 믿지 않아.

I don't believe you, either.

② 나도 역시 너를 사랑하지 않아.

I don't love you, either.

③ 나도 역시 네가 이기적이라고 생각하지 않아.
I don't think you are selfish, either.

Book __ **He admitted that he had ~**

변형1 He denied that he had + 과거분사 (그는 ~했다는 것을 부인했다.)

실제상황 ① 그는 그곳에서 도박한 사실을 부인했다.
He denied that he had gambled there.

② 그녀는 성형 수술한 것을 부인했다.
She denied that she had had a plastic surgery.

③ 그는 제한구역 근처에서 사진을 찍은 것을 부인했다.
He denied that he had taken pictures near the restricted area.

Children __ **I don't like the way you ~**

변형1 I like the way you ~ (나는 당신이 ~하는 방식이 맘에 들어.)

실제상황 ① 나는 당신이 다른 사람에게 충고하는 방식이 맘에 들어.
I like the way you advise others.

② 나는 당신이 투자하는 방식이 맘에 들어.
I like the way you invest.

③ 나는 당신이 살아가는 방식이 맘에 들어.
I like the way you lead a life.

Chimney __ **Don't ask me to ~**

변형1 Don't expect me to ~ (나에게 ~를 기대하지 마.)

실제상황 ① 내가 그에게 사과할 거라고 기대하지 마.
Don't expect me to apologize to him.

② 내가 그 노숙자들을 도와줄 거라고 기대하지 마.
Don't expect me to help the homeless.

③ 내가 머리를 빡빡 깎을 거라고 기대하지 마.
Don't expect me to shave my hair.

변형2 Don't force me to ~ (나에게 ~할 것을 강요하지 마.)

실제상황 ① 나에게 노동조합에 가입할 것을 강요하지 마.
Don't force me to join the labor union.

② 나에게 그 알약을 삼킬 것을 강요하지 마.
Don't force me to swallow the pills.

③ 나에게 화장하라고 강요하지 마.
Don't force me to wear make-up.

변형3 Don't order me to ~ (나에게 ~할 것을 명령하지 마.)

실제상황 ① 나에게 그 시체를 묻으라고 명령하지 마.
Don't order me to bury the body.

② 나에게 그 잔디깎기를 사용하라고 명령하지 마.
Don't order me to use the lawn mower.

③ 나에게 밖에서 너를 기다리라고 강요하지 마.
Don't order me to wait for you outside.

변형4 Don't urge me to ~ (나에게 ~하라고 재촉하지 마.)

실제상황 ① 나를 소개하라고 재촉하지 마.
Don't urge me to introduce myself.

② 나에게 차고 문을 잠그라고 재촉하지 마.
Don't urge me to lock the garage.

③ 나에게 그 단어를 사전에서 찾아보라고 재촉하지 마.
Don't urge me to look the word up in the dictionary.

Dish __ **Don't forget to ~**

변형1 I forgot to ~ (나는 ~하는 것을 잊었다.)

실제상황 ① 나는 그녀에게 전화하는 걸 잊었다.
I forgot to call her.

② 나는 그 비디오 반납하는 걸 잊었다.
I forgot to return the video.

③ 나는 우산 가져가는 걸 잊었다.
I forgot to take the umbrella with me.

Doctor __ I wish I were ~

I wish I 뒤에 동사의 과거형을 써주면, '내가 ~하면 좋을 텐데' 라는 표현이 됩니다.

변형1   I wish I + 과거형 (내가 ~하면 좋을 텐데.)

실제상황 ① 내가 영어를 유창하게 말할 수 있는 능력이 있으면 좋을 텐데.
I wish I had the ability to speak English fluently.
② 내가 살을 빼면 참 좋을 텐데.
I wish I lost weight.
③ 내가 그 상을 타면 좋을 텐데.
I wish I won the award.

변형2   I wish I had been ~ (내가 ~였다면 좋았을 텐데.)

실제상황 ① 내가 동시통역사라면 참 좋았을 텐데.
I wish I had been an interpreter.
② 내가 시장이라면 좋았을 텐데.
I wish I had been a mayor.
③ 내가 부자였다면 좋았을 텐데.
I wish I had been wealthy.

변형3   I wish I had + 과거분사 (내가 ~했다면 좋았을 텐데.)

실제상황 ① 내가 그 당시에 긍정적인 사고를 가졌더라면 좋았을 텐데.
I wish I had had a positive thinking at that time.
② 내가 그녀를 알아보았더라면 좋았을 텐데.
I wish I had recognized her.
③ 내가 적절한 조치를 취했었더라면 좋았을 텐데.
I wish I had taken an appropriate measure.

Dog __ I'm too ~ to ~

변형1   I'm so ~ that I can not ~ (나는 너무 ~해서 ~할 수 없다.)

실제상황 ① 나는 너무 화가 나서 그를 용서할 수 없다.
I'm so angry that I can not forgive him.
② 나는 너무 궁금해서 그에게 물어볼 수밖에 없다.
I'm so curious that I can not help asking him.
③ 나는 너무 떨려서 무대에 올라갈 수 없다.
I'm so nervous that I can not go onto the stage.

변형2 He is so ~ that he can ~ (그는 너무 ~해서 ~할 수 있다.)
실제상황 ① 그는 너무 용감해서 그 깊은 바닷물에 뛰어들 수 있다.
   He is so brave that he can plunge into the deep sea.
  ② 그는 너무 똑똑해서 즉시 그 수학문제들을 모두 풀 수 있다.
   He is so smart that he can solve all the math questions.
  ③ 그는 너무 독특해서 창의적인 어떤 것도 할 수 있다.
   He is so unique that he can do anything creative.

Door __ **Do you know the reason why he ~**
변형1 There is no reason to ~ (~할 이유가 없다.)
실제상황 ① 무서워할 이유가 없다.
   There is no reason to be afraid.
  ② 주저할 이유가 없다.
   There is no reason to hesitate.
  ③ 걱정할 이유가 없다.
   There is no reason to worry about.

English __ **I remember ~ing ~**
변형1 Please remember to ~ (~할 것을 기억해 주세요.)
실제상황 ① 잠자기 전에 이 닦는 거 기억해 주세요.
   Please remember to brush your teeth before you go to bed.
  ② 집에 가는 길에 필름 현상하는 거 기억해 주세요.
   Please remember to develop films on your way home.
  ③ 잠수하기 전에 숨을 깊이 들이마시는 것을 기억하세요.
   Please remember to take a deep breath before you dive.

Eraser __ **Which one is your ~**
변형1 Which one do you like to ~ (어떤 걸 너는 ~ 하고 싶니?)
실제상황 ① 어떤 걸 너는 전시하고 싶은데?
   Which one do you like to display?
  ② 어떤 걸 너는 기르고 싶은데?
   Which one do you like to raise?
  ③ 그 가운데 어떤 걸 너는 고르고 싶은데?
   Which one do you like to select among them?

farmer __ **You must be ~**

변형1　It must be ~ (그것은 ~임에 틀림없다.)

실제상황　① 그것은 헛간이 틀림없다.
　　　　　It must be a barn.
　　　　　② 그것은 비싼 게 틀림없다.
　　　　　It must be expensivie.
　　　　　③ 그것은 다람쥐가 틀림없다.
　　　　　It must be a squirrel.

Father __ **You should have ~**

변형1　You could have + 과거분사 (당신은 ~할 수도 있었어요.)

실제상황　① 당신은 그의 무례한 행동을 용서할 수도 있었잖아요.
　　　　　You could have forgiven his rude behavior.
　　　　　② 너는 이번 학기에 성적을 올릴 수도 있었잖아.
　　　　　You could have improved your grade in this semester.
　　　　　③ 당신은 그를 위험에 빠뜨릴 수도 있었어요.
　　　　　You could have put him in danger.

Foot __ **I didn't mean to ~**

변형1　I don't mean to ~ (~할 뜻은 아닙니다.)

실제상황　① 자랑하려는 뜻은 아닙니다.
　　　　　I don't mean to brag. (《슈렉 Shrek》의 대사)
　　　　　② 일을 악화시키려는 뜻은 아닙니다.
　　　　　I don't mean to make things worse.
　　　　　③ 잘난 체하려는 뜻은 아닙니다.
　　　　　I don't mean to put on an air.

Game __ **I'm ready to ~**

변형1　I'm not ready to ~ (나는 ~할 준비가 되어 있지 않다.)

실제상황　① 나는 외출할 준비가 되어 있지 않다.
　　　　　I'm not ready to go out.
　　　　　② 나는 그와 결혼할 준비가 되어 있지 않다.
　　　　　I'm not ready to marry him.

③ 나는 그 아파트를 구입할 준비가 되어 있지 않다.
I'm not ready to purchase the apartment.

변형2   Are you ready to ~ (너 ~할 준비가 됐니?)
실제상황 ① 너 그를 체포할 준비가 됐니?
Are you ready to arrest him?
② 너 네 남편과 이혼할 준비가 됐어?
Are you ready to divorce your husband?
③ 너 계약서에 서명할 준비가 됐니?
Are you ready to sign the contract?

Gloves __ I don't want to ~

변형1   I want to ~ (나는 ~하고 싶어요.)
실제상황 ① 나는 그 집회에 참가하고 싶어요.
I want to participate in the rally.
② 나는 이제 긴장을 풀고 쉬고 싶어요.
I want to relax and take a rest.
③ 나는 그 후보자에게 투표하고 싶어요.
I want to vote for the candidate.

변형2   I wanted to ~ (나는 ~하고 싶었어요.)
실제상황 ① 나는 당신과 함께 가고 싶었어요.
I wanted to come with you.
② 나는 당신에게 또 다른 기회를 주고 싶었어요.
I wanted to give you another chance.
③ 나는 내 전 남편을 만나고 싶었어요.
I wanted to meet my ex-husband.

변형3   Do you want to ~ (너 ~하고 싶니?)
실제상황 ① 너 군대에 가고 싶니?
Do you want to join the army?
② 너 네 친구 중의 한 명을 추천하고 싶니?
Do you want to recommend one of your friends?

③ 넌 네 의견을 말하고 싶니?
　　Do you want to tell me your opinion?

Guitar __ I'm getting ~
변형1　I'm getting + 과거분사 (나는 ~될 거야.)
실제상황　① 나는 그 사건에 연루되고 말 거야.
　　　　　I'm getting involved in the case.
　　② 나는 이번 주말에 결혼할 거야.
　　　　I'm getting married this weekend.
　　③ 나는 격리될 거야.
　　　　I'm getting secluded.

변형2　It's getting + 형용사 (날씨, 시간, 사물이 ~하게 될 거야.)
실제상황　① 점점 어두워지고 있다.
　　　　　It's getting dark.
　　② 점점 안개가 짙게 끼고 있다.
　　　　It's getting foggy.
　　③ 점점 더 무거워지고 있다.
　　　　It's getting heavier.

Handkerchief __ There is a ~
변형1　There are + 복수명사 (~에 ~들이 있다.)
실제상황　① 그 도시에는 몇 개의 기념비가 있다.
　　　　　There are a few monuments in the city.
　　② 경기장에 많은 사람들이 있다.
　　　　There are many people in the stadium.
　　③ 지갑에 몇 개의 지폐가 있다.
　　　　There are some bills in the purse.

변형2　There is no + 명사 (~에 ~가 하나도 없다.)
실제상황　① 범죄 현장에 증거가 하나도 없다.
　　　　　There is no evidence at the crime scene.
　　② 우리 사이에 문제는 없다.
　　　　There is no problem between us.

③ 호텔에 빈 방이 하나도 없다.
There is no vacancy in the hotel.

Head __ **We had no choice but to ~**

변형1 We can not help ~ing (우리는 ~할 수밖에 없다.)
실제상황 ① 우리는 증거를 없앨 수밖에 없다.
We can not help destroying the evidence.
② 우리는 그 장교의 말에 복종할 수밖에 없다.
We can not help obeying the officer.
③ 우리는 그 일정을 연기할 수밖에 없다.
We can not help postponing the schedule.

변형2 We can not but + 동사원형 (우리는 ~할 수밖에 없다.)
실제상황 ① 우리는 울음을 터뜨릴 수밖에 없다.
We can not but burst into tears.
② 우리는 전철로 통근할 수밖에 없다.
We can not but commute by subway.
③ 우리는 통로 쪽 좌석을 택할 수밖에 없다.
We can not but take the aisle seats.

Hotel __ **I'd rather ~**

변형1 I'd rather not ~ (나는 차라리 ~하지 않을 거야.)
실제상황 ① 나는 차라리 그와 헤어지지 않을 거야.
I'd rather not break up with him.
② 나는 차라리 그녀에게 그의 죽음을 알리지 않을 거야.
I'd rather not inform her of his death.
③ 나는 차라리 네 충고를 듣지 않을 거야.
I'd rather not listen to your advice.

Ice __ **You are not allowed to ~**

변형1 You are allowed to ~ (당신은 ~하는 것이 허용이 됩니다.)
실제상황 ① 당신은 그 책을 빌려가도 좋습니다.
You are allowed to borrow the book.

② 당신은 그 꽃을 심어도 좋습니다.
You are allowed to plant the flower.
③ 당신은 그를 들여보내도 좋습니다.
You are allowed to send him in.

Ink __ I feel like ~ing

변형1 I don't feel like ~ing (나는 ~하고 싶은 기분이 들지 않는다.)

실제상황 ① 나는 서두르고 싶은 기분이 들지 않는다.
I don't feel like hurrying up.
② 나는 그녀를 집에 데려다주고 싶은 기분이 들지 않는다.
I don't feel like taking her home.
③ 나는 그 상을 받고 싶은 기분이 들지 않는다.
I don't feel like winning the prize.

변형2 Do you feel like ~ing (너 ~하고 싶은 생각이 드니?)

실제상황 ① 너 여기서 나가고 싶은 생각이 드니?
Do you feel like getting out of here?
② 너 여기서 뛰어내리고 싶은 생각이 드니?
Do you feel like jumping down right here?
③ 너 도망가고 싶은 생각이 드니?
Do you feel like running away?

Iron __ Can't you see I'm ~

변형1 Don't you know he is ~ (그가 ~라는 거 몰라?)

실제상황 ① 그가 너보다 힘이 세다는 거 몰라?
Don't you know he is stronger than you?
② 그가 고집 세다는 거 몰라?
Don't you know he is stubborn?
③ 그가 겁먹고 있는 거 몰라?
Don't you know he is terrified?

Job __ **If I were you, I would ~**

변형1   If I + 과거동사, I would ~ (내가 ~한다면, ~할 텐데.)

실제상황 ① 내가 그 다이아몬드를 산다면, 참 좋을 텐데.
           If I bought the diamond, **I would** be glad.
     ② 내가 그 국경선을 넘는다면, 그곳에 갈 텐데.
           If I crossed the border, **I would** go there.
     ③ 내가 일등을 한다면, 엄마를 기쁘게 할 수 있을 텐데.
           If I won the first place, **I would** make my mother happy.

변형2   If I had + 과거분사, I would have + 과거분사 (내가 ~했다면, ~할 텐데.)

실제상황 ① 시금치를 많이 먹었더라면 나는 더 건강했을 텐데.
           If I had eaten much spinach, **I would have** been healthier.
     ② 지문을 남기지 않았더라면 나는 체포되지 않았을 텐데.
           If I had not left my fingerprints, **I wouldn't have** been areested.
     ③ 폭죽을 가지고 놀지 않았더라면 나는 부상을 입지 않았을 텐데.
           If I had not played with firecrackers, **I wouldn't have** got injured.

Juice __ **Let me ~**

변형1   Don't let me ~ (내가 ~하지 않게 해주세요.)

실제상황 ① 내가 당신을 해고하지 않게 해주세요.
           Don't let me fire you.
     ② 내가 당신을 해치지 않게 해주세요.
           Don't let me hurt you.
     ③ 내가 당신을 떠나지 않게 해주세요.
           Don't let me leave you.

Key __ **I know where ~ is.**

변형1   I don't know where the ~ is. (나는 ~가 어디 있는지 모른다.)

실제상황 ① 나는 그 벽돌들이 어디 있는지 몰라요.
           I don't know where the bricks **are**.
     ② 나는 그 목장이 어디 있는지 몰라요.
           I don't know where the ranch **is**.
     ③ 나는 그 조각가가 어디 있는지 몰라요.
           I don't know where the sculptor **is**.

변형2   Do you know where the ~ is? (너 ~가 어디 있는지 아니?)
실제상황 ① 너 그 세제 어디 있는지 아니?
　　　　 Do you know where the detergent is?
　　　　② 너 그 과수원 어디 있는지 아니?
　　　　 Do you know where the orchard is?
　　　　③ 너 그 도둑 어디 있는지 아니?
　　　　 Do you know where the thief is?

Kite __ I'm here to ~
변형1   He went to the 장소 to ~ (그는 ~하려고 ~에 갔다.)
실제상황 ① 그는 자동인출기에서 돈을 인출하려고 은행에 갔다.
　　　　 He went to the bank to withdraw money from the automated teller machine.
　　　　② 그는 빵에 버터를 바르러 부엌에 갔다.
　　　　 He went to the kitchen to butter the bread.
　　　　③ 그는 축제에 참가하려고 그 마을에 갔다.
　　　　 He went to the town to join the festival.

Knife __ The fact is that he ~
변형1   The problem is that he ~ (문제는 그가 ~하다는 것이다.)
실제상황 ① 문제는 그가 운전을 할 줄 모른다는 것이다.
　　　　 The problem is that he doesn't know how to drive.
　　　　② 문제는 그가 그 돈이 어디 있는지 모른다는 것이다.
　　　　 The problem is that he doesn't know where the money is.
　　　　③ 문제는 그가 지금 막 도착할 거라는 것이다.
　　　　 The problem is that he is about to arrive.

변형2   What is important is that he ~ (중요한 것은 그가 ~하다는 것이다.)
실제상황 ① 중요한 것은 그가 성실하다는 것이다.
　　　　 What is important is that he is faithful.
　　　　② 중요한 것은 그가 내 조카라는 것이다.
　　　　 What is important is that he is my nephew.
　　　　③ 중요한 것은 그가 그녀와 사랑에 빠졌다는 것이다.
　　　　 What is important is that he falls in love with her.

Korea __ **I'm gonna show you something ~**

변형1   Something + 형용사 + happened to me. (뭔가 ~한 것이 내게 일어났어.)

실제상황 ① 뭔가 나쁜 일이 내게 일어났어.

　　　　Something bad happened to me.

　　② 뭔가 좋은 일이 내게 일어났어.

　　　　Something good happened to me.

　　③ 뭔가 슬픈 일이 내게 일어났어.

　　　　Something sad happened to me.

변형2   Tell me something + 형용사 (내게 뭔가 ~한 걸 말해줘.)

실제상황 ① 내게 뭔가 멋진 것을 말해줘.

　　　　Tell me something fabulous.

　　② 내게 뭔가 낭만적인 걸 말해줘.

　　　　Tell me something romantic.

　　③ 내게 뭔가 무서운 걸 말해줘.

　　　　Tell me something scary.

Lake __ **It is dangerous to ~**

변형1   It is dangerous that you ~ (당신이 ~하는 것은 위험하다.)

실제상황 ① 당신이 그를 비난하는 것은 위험하다.

　　　　It is dangerous that you blame him.

　　① 당신이 가파른 절벽을 오르는 것은 위험하다.

　　　　It is dangerous that you climb the steep cliff.

　　③ 당신 혼자 밤길을 걸어다니는 일은 위험하다.

　　　　It is dangerous that you walk alone at night.

변형2   It is difficult to ~ (~하는 것은 어렵다.)

실제상황 ① 좋은 문장을 작문하는 것은 어렵다.

　　　　It is difficult to compose good sentences.

　　② 너무 고집이 세서 그녀를 설득하는 것은 어렵다.

　　　　It is difficult to persuade her because she is too stubborn.

　　③ 그 문제를 해결하는 것은 어렵다.

　　　　It is difficult to solve the problem.

변형3　It is easy to ~ (~하는 것은 쉽다.)
　　　　It is not easy to ~ (~하는 것은 쉽지 않다.)

실제상황　① 파리 잡는 것은 쉽다.
　　　　　　It is easy to catch flies.
　　　　② 할머니를 즐겁게 해주는 것은 쉽다.
　　　　　　It is easy to entertain my grandmother.
　　　　③ 동전을 세우는 것은 쉽지 않다.
　　　　　　It is not easy to erect a coin.

변형4　It is good to ~ (~하는 것은 좋다.)

실제상황　① 숲에서 쉬는 것은 좋다.
　　　　　　It is good to rest in the forest.
　　　　② 이른 아침에 산책하는 것은 좋다.
　　　　　　It is good to stroll early in the morning.
　　　　③ 건강을 위하여 계단으로 걸어가는 것은 좋다.
　　　　　　It is good to take the stairs for your health.

변형5　It is necessary to ~ (~하는 것은 필요하다.)

실제상황　① 배터리를 충전하는 것이 필요하다.
　　　　　　It is necessary to charge your battery.
　　　　② 가능하면 자주 아이들을 안아주는 것이 필요하다.
　　　　　　It is necessary to hug your children as often as possible.
　　　　③ 좋은 책을 읽는 것은 필요하다.
　　　　　　It is necessary to read good books.

Lemon __ The ~ tastes ~

변형1　The + 명사 + sounds + 형용사 (~은 ~하게 들린다.)

실제상황　① 그 대화는 분명하게 잘 들린다.
　　　　　　The conversation sounds clear.
　　　　② 그 음악은 시끄럽게 들린다.
　　　　　　The music sounds noisy.
　　　　③ 그 목소리는 가깝게 들린다.
　　　　　　The voice sounds close.

변형2 The + 명사 + feels + 형용사 (~는 ~한 느낌이 든다.)
실제상황 ① 그 접착제는 느낌이 끈적끈적하다.
  The glue feels sticky.
  ② 그 비단은 감촉이 부드럽다.
  The silk feels soft.
  ③ 그 표면은 거친 느낌이 든다.
  The surface feels rough.

변형3 The + 명사 + smells + 형용사 (~는 ~한 냄새가 난다.)
실제상황 ① 도랑은 역겨운 냄새가 난다.
  The ditch smells disgusting.
  ② 장미는 달콤한 향기가 난다.
  The rose smells sweet.
  ③ 양말 냄새가 끔찍하다.
  The socks smell terrible.

Letter __ I spent + 금액 + ~ing

변형1 I spent + 금액 + ~ing (나는 ~하느라고 ~를 썼다.)
실제상황 ① 나는 버스 요금 내느라고 5달러를 썼다.
  I spent five dollars paying for the bus fare.
  ② 나는 그 가구를 구입하느라고 100달러를 썼다.
  I spent one hundred dollars purchasing the furniture.
  ③ 나는 여론조사 하느라고 1000달러를 썼다.
  I spent one thousand dollars surveying the public opinions.

Love － I do ~

변형1 I did ~ (나는 정말 ~했어.)
실제상황 ① 난 정말 너를 사랑했어.
  I did love you.
  ② 나는 정말 범죄를 저질렀어.
  I did commit a crime.
  ③ 나는 정말 너를 믿었어.
  I did trust you.

Magazine __ **What is your favorite ~**

변형1　　This is my favorite ~ (이것은 내가 가장 좋아하는 ~입니다.)
　　　　　That is my favorite ~ (저것은 내가 가장 좋아하는 ~입니다.)

실제상황　① 이것은 내가 가장 좋아하는 팔찌입니다.
　　　　　　This is my favorite bracelet.
　　　　　② 이것은 내가 가장 좋아하는 과일입니다.
　　　　　　This is my favorite fruit.
　　　　　③ 저것은 내가 가장 좋아하는 양복입니다.
　　　　　　That is my favorite suit.

Milk __ **Promise me that you will ~**

변형1　　Promise me that you won't ~ (당신이 ~하지 않겠다고 약속해줘요.)

실제상황　① 놀라지 않을 거라고 약속해줘요.
　　　　　　Promise me that you won't be astonished.
　　　　　② 그들을 해치지 않을 거라고 약속해줘요.
　　　　　　Promise me that you won't hurt them.
　　　　　③ 날 실망시키지 않을 거라고 약속해줘요.
　　　　　　Promise me that you won't let me down.

Mountain __ **What a beautiful ~ it is!**

변형2　　What a + 형용사 + 명사 + it is!

실제상황　① 이 얼마나 깨지기 쉬운 꽃병인가!
　　　　　　What a fragile vase it is!
　　　　　② 이 얼마나 날카로운 칼인가!
　　　　　　What a sharp knife it is!
　　　　　③ 이 얼마나 따뜻한 스웨터인가!
　　　　　　What a warm sweater it is!

변형2　　What a + 형용사 + 명사 + he is !

실제상황　① 이 얼마나 똑똑한 소년인가!
　　　　　　What a brilliant boy he is!
　　　　　② 이 얼마나 잔인한 폭군인가!
　　　　　　What a cruel tyrant he is!

③ 이 얼마나 부지런한 농부인가!
What a diligent peasant he is!

변형3   What a + 형용사 + 명사 + she is !
실제상황 ① 이 얼마나 통통한 소녀인가!
What a chubby girl she is !
② 이 얼마나 친절한 간호사인가!
What a kind nurse she is!
③ 이 얼마나 고집센 여자인가!
What a stubborn woman she is !

Mouth __ Make sure that you ~
변형1   Make sure to ~ (꼭 ~하도록 해.)
실제상황 ① 꼭 쓰레기를 태우도록 해.
Make sure to burn the garbage.
② 시간 나면 꼭 내게 전화하도록 해.
Make sure to call me when you are free.
③ 서울에 오면 꼭 나를 찾아오도록 해.
Make sure to visit me when you come to Seoul.

Name __ I am about to ~
이 구문을 이용해 주어를 사람이나 사물을 쓰면 좀더 다양한 표현을 얻을 수 있죠.
변형1   명사주어 + is about to ~ (~가 ~하려 하고 있다.)
실제상황 ① 비행기가 막 추락하려고 하고 있다.
The airplane is about to crash.
② 그 간호사는 환자의 정맥에 주사약을 주사하려고 하고 있다.
The nurse is about to inject medicine into the patient's vein.
③ 트럭 운전사가 막 속도를 줄이려고 하고 있다.
The truck driver is about to reduce the speed.

Newspaper __ How long have you been ~ing
변형1   How long have you + 과거분사 (당신은 얼마동안 ~했나요?)
실제상황 ① 결혼한 지 얼마나 되셨나요?
How long have you been married?

② 거기에 얼마 동안 사셨나요?
How long have you lived there?

③ 그 집에 얼마나 머무셨나요?
How long have you stayed in the house?

Novelist – I wonder if you will ~

변형1 I don't know if he will ~ (나는 그가 ~할지 모르겠다.)

실제상황 ① 나는 그가 그 직위를 신청할지 모르겠다.
I don't know if he will apply for the position.

② 나는 그가 범죄를 저지를지 모르겠다.
I don't know if he will commit a crime.

③ 나는 그가 신용카드 발급받을 자격이 되는지 모르겠다.
I don't know if he will qualify for a credit card.

Nurse __ Is this the man who ~

변형1 Is this the + 사물 + which ~ (이것이 ~한 것인가요?)

실제상황 ① 이것이 버스 터미널에서 도난당한 가방인가요?
Is this the bag which was stolen in the bus terminal?

② 이것이 어제 도로에서 고장난 그 차인가요?
Is this the car which broke down on the road?

③ 이것이 지붕에서 떨어진 호박인가요?
Is this the pumpkin which fell from the roof?

Onion – I had trouble ~ing

변형1 Are you having trouble ~ing (~하느라고 어려우세요?)

실제상황 ① 그와 연락하느라고 애를 먹고 계시나요?
Are you having trouble contacting him?

② 아침에 일찍 일어나는 게 어려우세요?
Are you having trouble getting up early in the morning?

③ 주차하시느라 애를 먹고 계세요?
Are you having trouble parking your car?

변형2　Did you have any trouble ~ing (~하느라 어려우셨나요?)
실제상황　① 그녀를 달래느라고 애를 먹었나요?
　　　　　　Did you have any trouble consoling her?
　　　　　② 우리 집 찾느라고 애 먹었었니?
　　　　　　Did you have any trouble finding my house?
　　　　　③ 그의 요청을 거절하느라고 애를 먹었나요?
　　　　　　Did you have any trouble refusing his request?

Pencil __ This is ~ I want to ~

변형1　This is the+명사+I don't want to+동사. (이것은 내가 ~하고 싶지 않은 ~다.)
실제상황　① 이 사람은 내가 만나고 싶지 않은 점쟁이다.
　　　　　　This is the fortuneteller I don't want to meet.
　　　　　② 이것은 내가 기르고 싶지 않은 애완동물이다.
　　　　　　This is the pet I don't want to raise.
　　　　　③ 이것은 사고 싶지 않은 가발이다.
　　　　　　This is the wig I don't want to buy.

변형2　This is the + 명사 + I + 과거동사형 (이것은 내가 ~했던 ~이다.)
실제상황　① 이것은 계곡에서 내가 잡은 도마뱀이다.
　　　　　　This is the lizard I caught in the valley.
　　　　　② 이것은 내가 놀이공원에서 훔친 지갑이다.
　　　　　　This is the purse I stole at the amusement park.
　　　　　③ 이것은 내가 백화점에서 산 면도기다.
　　　　　　This is the razor I bought at the department store.

People __ There are few people who ~

변형1　There are many people who ~ (~하는 사람은 아주 많다.)
실제상황　① 너를 싫어하는 사람이 많이 있어.
　　　　　　There are many people who dislike you.
　　　　　② 당신의 사인을 받고 싶어하는 사람이 많아요.
　　　　　　There are many people who like to get your autograph.
　　　　　③ 너를 만나고 싶어하는 사람이 많아.
　　　　　　There are many people who want to meet you.

Picnic __ It's time to ~

변형1 It's time for you to ~ (너 ~할 시간이다.)

실제상황 ① 너 운동할 시간이다.
It's time for you to exercise.

② 너 잠잘 시간이다.
It's time for you to go to sleep.

③ 너 약 먹을 시간이다.
It's time for you to take medicine.

Prison __ Why are you ~ing

변형1 Why are you so + 형용사? (왜 그렇게 ~한거야?)

실제상황 ① 왜 그렇게 질투하는 거야?
Why are you so jealous?

② 왜 그렇게 긴장하는 거야?
Why are you so nervous?

③ 왜 그렇게 화가 난거야?
Why are you so upset?

Queen __ I know how ~ is.

변형1 I don't know how+형용사+the+명사+is. (나는 ~가 얼마나 ~ 한지 모른다.)

실제상황 ① 나는 그 계곡이 얼마나 깊은 지 모른다.
I don't know how deep the valley is.

② 나는 그 여자가 얼마나 예민한지 모른다.
I don't know how sensitive the woman is.

③ 나는 그 나뭇가지가 얼마나 튼튼한지 모른다.
I don't know how strong the branch is.

변형2 Do you know how+형용사+the+명사+is? (너 ~가 얼마나 ~한지 아니?)

실제상황 ① 너 그 산이 얼마나 높은지 아니?
Do you know how high the mountain is?

② 너 그 마을이 얼마나 평화로운지 아니?
Do you know how peaceful the village is?

③ 너 그 삽이 얼마나 유용한지 아니?
Do you know how useful the shovel is?

Question __ **I found it difficult to ~**

변형1   I found it dangerous to ~ (나는 ~하는 것이 위험하다는 것을 알았다.)
실제상황 ① 나는 사나운 동물을 잡는 것이 위험하다는 것을 알았다.
         I found it dangerous to catch fierce animals.
        ② 나는 신호등을 그냥 지나쳐가는 것이 위험하다는 것을 알았다.
         I found it dangerous to go through a traffic light.
        ③ 나는 헬멧을 쓰지 않고 작업하는 것이 위험하다는 것을 알았다.
         I found it dangerous to work without wearing a helmet.

변형2   I found it impossible ~ (나는 ~하는 것이 불가능하다는 것을 알았다.)
실제상황 ① 나는 그 자동판매기를 고치는 것이 불가능하다는 것을 알았다.
         I found it impossible to fix the vending machine.
        ② 나는 장학금을 받는 것이 불가능하다는 것을 알았다.
         I found it impossible to obtain a scholarship.
        ③ 나는 내 꿈을 실현시키는 것이 불가능하다는 것을 알았다.
         I found it impossible to realize my dream.

변형3   I found it necessary to ~ (나는 ~하는 것이 필요하다는 것을 알았다.)
실제상황 ① 나는 병을 재활용하는 것이 필요하다는 것을 알았다.
         I found it necessary to recycle bottles.
        ② 나는 나이든 분들을 존경하는 것이 필요하다는 것을 알았다.
         I found it necessary to respect the old.
        ③ 나는 그녀에게 그 계획을 사전에 말해주는 것이
           필요하다는 것을 알았다.
         I found it necessary to tell her the plan in advance.

Rabbit __ **This is the place where I will ~**

변형1   This is the place(구체적 장소) where I + 과거형 (여기가 내가 ~한 곳이야.)
실제상황 ① 여기가 그 오래된 잡지들이 보관되어 있었던 다락방이야.
         This is the attic where the old magazines were kept.
        ② 여기가 그가 심장마비로 죽은 병원이야.
         This is the hospital where he died of heart attack.
        ③ 여기가 우리가 그 아이를 입양한 고아원이야.
         This is the orphanage where we adopted the child.

Refrigerator __ **Thank you for ~ing**

변형1 Thanks for your ~ (~에 대해 감사합니다.)

실제상황 ① 충고 감사드립니다.
   Thanks for your advice.

② 협조 감사드립니다.
   Thanks for your cooperation.

③ 환대 감사드립니다.
   Thanks for your hospitality.

Rose __ **I'm so happy to ~**

변형1 I'm sorry to ~ (나는 ~하게 되어 미안하다.)

실제상황 ① 약속을 어기게 되어 미안하다.
   I'm sorry to break your promise.

② 기차를 놓쳐서 미안하다.
   I'm sorry to miss the train.

③ 감정을 상하게 해서 미안하다.
   I'm sorry to offend you.

school __ **You don't have to ~**

변형1 You have to ~ (너는 ~해야 해) * You have to ~ 는 You gotta ~ 로 말하기도 합니다.

실제상황 ① 당신은 목적을 성취해야 합니다.
   You have to achieve your goal.

② 너는 내 수업에 주목해야 돼.
   You have to pay attention to my class.

③ 너는 가능하면 빨리 내 편지에 응답해야 돼.
   You have to reply to my letter as soon as possible.

변형2 Do I have to ~ (내가 꼭 ~해야 돼?)

실제상황 ① 내가 꼭 그 돈을 예금해야 돼?
   Do I have to deposit the money?

② 내가 꼭 그를 격려해줘야 돼?
   Do I have to encourage him?

③ 내가 꼭 복숭아를 깍아야 돼?
   Do I have to peel peaches?

Sea __ I don't think he is ~

변형1 I think he is ~ (나는 그가 ~라고 생각해.)

실제상황 ① 나는 그가 시험결과에 대해 걱정하고 있다고 생각해.
   I think he is anxious about the test result.
② 나는 그가 그의 과거를 부끄러워하고 있다고 생각해.
   I think he is ashamed of his past.
③ 나는 그가 딸을 자랑스러워하고 있다고 생각해.
   I think he is proud of his daughter.

변형2 Do you think he is ~ (너는 그가 ~한다고 생각하니?)

실제상황 ① 너는 그가 겁쟁이라고 생각하니?
   Do you think he is a coward?
② 넌 그가 유죄라고 생각하니?
   Do you think he is guilty?
③ 넌 그가 무죄라고 생각하니?
   Do you think he is innocent?

Shoulder __ I was really surprised when ~

변형1 I was really bored when ~ (나는 ~해서 정말로 지루했다.)

실제상황 ① 나는 같이 놀 친구가 없어서 정말 지루했다.
   I was really bored when I didn't have any friend to play with.
② 나는 주말에 할 일이 없어서 정말 지루했다.
   I was really bored when I had nothing to do during the weekend.
③ 나는 그의 단조로운 강의를 들었을 때 정말 지루했다.
   I was really bored when I listened to his monotonous lecture.

변형2 I was really disappointed when ~ (나는 ~했을 때 너무 실망했다.)

실제상황 ① 나는 그가 다시 시도를 하지 않아 너무 실망했다.
   I was really disappointed when he didn't give it another try.
② 나는 그녀가 보고서를 나에게 제출하지 않아서 실망했다.
   I was really disappointed when she didn't hand in the report to me.
③ 나는 그가 인터넷 여기 저기 돌아다니느라고 너무 많은 시간을 보내서 너무 실망했다.
   I was really disappointed when he spent too much time on the computer, surfing the Internet.

변형3 I was really excited when ~ (나는 ~했을 때 너무 흥분했다.)
실제상황 ① 나는 불꽃놀이를 봤을 때 너무 흥분했다.
I was really excited when I saw the fireworks.
② 여행을 시작하려고 할 때 나는 너무 흥분했다.
I was really excited when I was about to begin the journey.
③ 나는 최고급 객실에 묵었을 때 아주 흥분했다.
I was really excited when I stayed in the suite.

변형4 I was really relieved when ~ (나는 ~했을 때 정말로 안심이 됐다.)
실제상황 ① 나는 취업면접에 합격했을 때 너무 안심이 되었다.
I was really relieved when I passed the job interview.
② 나는 그가 집에 무사히 돌아왔을 때 정말로 안심이 되었다.
I was really relieved when he returned home safely.
③ 나는 그가 거기에 없어서 아주 안심이 되었다.
I was really relieved when he was not there.

변형5 I was really worried when ~ (나는 ~해서 정말로 걱정이 되었다.)
실제상황 ① 나는 그의 감기가 폐렴으로 발전해서 아주 걱정이 되었다.
I was really worried when his cold developed into pneumonia.
② 나는 이번 주에 보고서를 제출하지 않아 걱정이 되었다.
I was really worried when I didn't submit a report this week.
③ 나는 그녀가 배 아파해서 아주 걱정했다.
I was really worried when she had a pain in her stomach.

Stamp __ My duty is to ~

변형1 My hobby is to ~ (내 취미는 ~하는 것이다.)
실제상황 ① 내 취미는 머리핀을 모으는 것이다.
My hobby is to collect hairpins.
② 내 취미는 곤충을 관찰하는 것이다.
My hobby is to observe insects.
③ 내 취미는 동물을 기르는 것이다.
My hobby is to raise animals.

변형2　My job is to ~ (내 일은 ~하는 것이다.)
실제상황　① 내 일은 기사를 편집하는 것이다.
　　　　　　My job is to edit the articles.
　　　　　② 내 일은 천장을 고치는 것이다.
　　　　　　My job is to fix the ceiling.
　　　　　③ 내 일은 판자에 못을 박는 것이다.
　　　　　　My job is to nail the board.

변형3　My mission is to ~ (나의 임무는 ~하는 것이다.)
실제상황　① 나의 임무는 생존자들을 찾는 것이다.
　　　　　　My mission is to find the survivors.
　　　　　② 나의 임무는 그가 무사히 집에 돌아갈 수 있도록 하는 것이다.
　　　　　　My mission is to help him return home safely.
　　　　　③ 나의 임무는 침입자를 사살하는 일이다.
　　　　　　My mission is to kill the intruders.

변형4　My wish is to ~ (나의 소망은 ~하는 것이다.)
실제상황　① 나의 소망은 인류학자가 되는 것이다.
　　　　　　My wish is to be an anthropologist.
　　　　　② 나의 소망은 캐나다를 방문할 기회를 가지는 것이다.
　　　　　　My wish is to have a chance to visit Canada.
　　　　　③ 나의 소망은 그녀에 대한 믿음을 지키는 일이다.
　　　　　　My wish is to keep faith in her.

teeth __ When did you ~
위의 고정 구문에 육하원칙(언제, 어디서, 누가, 무엇을, 어떻게, 왜) 순서대로 다른 걸 넣어봅니다.

변형1　Where did you ~ (너 어디서 ~ 했니?)
실제상황　① 너 어디서 그 가위 빌렸니?
　　　　　　Where did you borrow the scissors?
　　　　　② 너 어디서 그렇게 큰 연어를 잡았니?
　　　　　　Where did you catch such a big salmon?
　　　　　③ 너 그 살구들 어디서 났니?
　　　　　　Where did you get the apricots?

변형2   What did you ~ (너 뭘 ~했니?)
실제상황 ① 너 문구점에서 뭘 샀니?
　　　　 What did you buy at the stationery store?
　　　② 지하실에 뭘 숨겼니?
　　　　 What did you hide in the basement?
　　　③ 창고에 뭘 보관했니?
　　　　 What did you keep in the warehouse?

변형3   How did you ~ (너 어떻게 ~했니?)
실제상황 ① 어떻게 그 산의 정상에 올라갔니?
　　　　 How did you climb the peak of the mountain?
　　　② 어떻게 의식을 다시 찾았니?
　　　　 How did you regain consciousness?
　　　③ 어떻게 그 불사조를 보았니?
　　　　 How did you see the phoenix?

변형4   Why did you ~ (너 왜 ~했니?)
실제상황 ① 왜 채식주의자가 되었니?
　　　　 Why did you be a vegetarian?
　　　② 왜 접시를 깼니?
　　　　 Why did you break the plate?
　　　③ 왜 벌에 쏘였니?
　　　　 Why did you get stung?

Theater __ This is the only way to ~

변형1   This is the only chance to ~ (이것이 ~할 수 있는 유일한 기회야.)
실제상황 ① 이것이 너의 무죄를 주장할 수 있는 유일한 기회야.
　　　　 This is the only chance to maintain your innocence.
　　　② 이것이 네가 그 교통사고와 무관하다는 것을 입증할 수 있는 유일한 기회야.
　　　　 This is the only chance to prove
　　　　 that you have nothing to do with the traffic accident.
　　　③ 이것이 너의 재능을 보여줄 수 있는 유일한 기회야.
　　　　 This is the only chance to show your talent.

Train __ **The ~ has just arrived ~**

변형1   The + 명사 + has begun. (~가 시작되었다.)
실제상황   ① 수업이 시작되었다.
   The class has begun.
   ② 학기가 시작되었다.
   The semester has begun.
   ③ 전쟁이 시작되었다.
   The war has begun.

변형2   The + 명사 + has finished. (~가 끝났다.)
실제상황   ① 그 의식이 끝났다.
   The ceremony has finished.
   ② 송별회가 끝났다.
   The farewell party has finished.
   ③ 졸업식이 끝났다.
   The graduation has finished.

Tree __ **There is a man trying to ~**

변형1   There is a + 사람/사물 + ~ing (~하는 ~가 있다.)
실제상황   ① 요람에서 잠자고 있는 아기가 있다.
   There is a baby sleeping in the cradle.
   ② 호수 위에 떠 있는 오리 한 마리가 있다.
   There is a duck floating on the lake.
   ③ 산들바람에 흔들리는 버드나무가 있다.
   There is a willow swaying in the breeze.

변형2   There is a + 사람/사물 + ~ed (~인 ~가 있다.)
실제상황   ① 홍수로 파괴된 집이 있다.
   There is a house destroyed by the flood.
   ② 지하실에 먼지로 가득 덮인 사다리가 있다.
   There is a ladder covered with dust in the basement.
   ③ 심한 폭풍으로 부러진 나무가 있다.
   There is a tree broken by the severe storm.

변형3	There is + 사람/사물 + 형용사 (~한 ~가 있다.)
실제상황	① 승객으로 가득 찬 버스가 있다.

There is a bus full of passengers.

② 주인에게 충실한 하인이 있다.

There is a servant faithful to his master.

③ 아름다운 경치로 유명한 마을이 있다.

There is a village famous for its beautiful scenery.

Umbrella — It will take you a few hours to ~

변형1	It took me a few hours to ~ (내가 ~하는 데 몇 시간 걸렸다.)
	어떤 일을 하는 데 이미 ~의 시간이 걸렸을 때는
	'It took me a few hours to ~' 로 표현하면 됩니다.
실제상황	① 우리가 핵무기를 개발하는 데 몇 년 걸렸다.

It took us a few years to develop nuclear weapons.

② 그가 구속영장을 발부하는 데 며칠이 걸렸다.

It took him a few days to issue an arrest warrant.

③ 내가 반성문을 쓰는 데 몇 시간 걸렸다.

It took me a few hours to write a confession.

Uncle — There is no evidence that he ~

변형1	I didn't know the fact that he ~ (나는 그가 ~했다는 사실을 몰랐다.)
실제상황	① 나는 그가 사기꾼이라는 사실을 몰랐다.

I didn't know the fact that he was a fraud.

② 나는 그가 이혼할 거라는 사실을 몰랐다.

I didn't know the fact that he was getting divorced.

③ 나는 그가 그녀와 재혼할 거라는 사실을 몰랐다.

I didn't know the fact that he would remarry her.

변형2	There is little hope that he will ~ (그가 ~할 희망은 거의 없다.)
실제상황	① 그가 나를 추천해줄 희망은 거의 없다.

There is little hope that he will recommend me.

② 그가 병에서 회복할 희망은 거의 없다.

There is little hope that he will recover from illness.

③ 그가 비행기 추락사고에서 살아남을 희망은 거의 없다.
There is little hope that he will survive the plane crash.

변형3 Is there any possibility that he will ~ (그가 ~할 가능성이 있나요?)
실제상황 ① 그가 그녀의 청혼을 받아들일 가능성은 있나요?
Is there any possibility that he will accept her proposal?
② 그가 집으로 돌아올 가능성은 있나요?
Is there any possibility that he will return home?
③ 그가 진실을 말할 가능성은 있나요?
Is there any possibility that he will tell the truth?

변형4 There is a rumor that he will ~ (그가 ~할 거라는 소문이 있다.)
실제상황 ① 그가 이번에는 이사로 승진될 거라는 소문이 있다.
There is a rumor that he will be promoted to a director this time.
② 그가 몇몇 종업원을 해고할 거라는 소문이 있다.
There is a rumor that he will fire a few employees.
③ 그가 정계에서 은퇴할 거라는 소문이 있다.
There is a rumor that he will retire from political life.

Uniform __ They demanded that he ~

변형1 They insisted that he ~ (그들은 그가 ~ 해야 한다고 주장했다.)
실제상황 ① 그들은 그가 유기농 야채와 건강식품을 먹어야 한다고 주장했다.
They insisted that he eat organic vegetables and healthy food.
② 그들은 그가 사회복지 시설에 기부를 해야 한다고 주장했다.
They insisted that he give donations to social welfare facilities.
③ 그들은 그가 신속하게 결정해야 한다고 주장했다.
They insisted that he make a prompt decision.

변형2 They ordered that he ~ (그들은 그가 ~할 것을 명령했다.)
실제상황 ① 그들은 그가 양로원에 가서 자원봉사 일을 할 것을 명령했다.
They ordered that he go to the nursing home and do a volunteer job.

② 그들은 그가 세탁물을 찾을 것을 명령했다.
They ordered that he pick up his laundry.

③ 그들은 그가 늦어도 10시까지는 기숙사에 돌아와야 한다고 명령했다.
They ordered that he return to the dormitory no later than ten o'clock.

변형3 They suggested that I ~ (그들은 내가 ~할 것을 제안했다.)

실제상황 ① 그들은 내가 정기적으로 나의 우편함을 확인할 것을 제안했다.
They suggested that I check my mailbox regularly.

② 그들은 내가 그 회원클럽에 가입할 것을 제안했다.
They suggested that I join the membership club.

③ 그들은 내가 중국 음식을 주문할 것을 제안했다.
They suggested that I order some Chinese food.

변형4 They required that I ~ (그들은 내가 ~할 것을 요구했다.)

실제상황 ① 그들은 내가 그 양식을 작성할 것을 요구했다.
They required that I fill out the form.

② 그들은 내가 그 영화를 위해 무술을 배울 것을 요구했다.
They required that I learn martial arts for the movie.

③ 그들은 내가 시험 준비를 할 것을 요구했다.
They required that I prepare for the exams.

University __ I'm sure you will ~

변형1 I'm not sure you will ~ (나는 네가 ~할 거라는 확신이 없어.)

실제상황 ① 나는 네가 나를 소중하게 생각할 거라고 확신하지 않아.
I'm not sure you will cherish me.

② 나는 네가 날 위해 희생할 거라고 확신하지 않아.
I'm not sure you will sacrifice for me.

③ 나는 네가 그 식당의 음식을 견뎌낼 거라고 생각지 않아.
I'm not sure you will stand the food in the restaurant.

변형2 Are you sure you will ~ (너 확실히 ~할거야?)

실제상황 ① 너 분명히 그녀를 위로해 줄 거야?
Are you sure you will comfort her?

② 너 확실히 그와 경쟁할 거야?
Are you sure you will compete with him?

③ 너 집에 도착하면 꼭 내게 편지 쓸 거야?
Are you sure you will write a letter to me when you get home?

변형3 Are you sure this is + 형용사 / 명사? (너 이거 ~인거 확실해?)
실제상황 ① 너 이거 합법적인 거 확실해?
Are you sure this is legal?

② 너 이거 진짜 맞아?
Are you sure this is real?

③ 너 이거 보물 맞아?
Are you sure this is a treasure?

변형4 You are sure you won't ~ (너 분명히 ~ 안 할 거지?)
실제상황 ① 너 분명히 네 여동생 괴롭히지 않을 거지?
You are sure you won't bother your sister?

② 너 분명히 네 동생 안 때릴 거지?
You are sure you won't hit your brother?

③ 너 분명히 토하지 않을 거지?
You are sure you won't throw up?

vase __ I don't know how to ~

변형1 I know how to ~ (나는 ~할 줄 알아요.)
실제상황 ① 나 수 놓을 줄 알아요.
I know how to embroider.

② 나 스웨터 짤 줄 알아요.
I know how to knit a sweater.

③ 나 바느질할 줄 알아요.
I know how to sew.

변형2 Do you know how to ~ (너 ~할 줄 아니?)
실제상황 ① 시민권을 어떻게 얻는지 아세요?
Do you know how to own citizenship?

② 너 그 목적지에 도착하는 방법을 아니?
　　Do you know how to reach the destination?
③ 너 그 얼룩말을 길들일 줄 아니?
　　Do you know how to tame the zebra?

변형3　I don't know when to ~ (나는 언제 ~할지 몰라요.)
실제상황 ① 나는 언제 그 작물을 수확해야 할지 모르겠어요.
　　I don't know when to harvest the crops.
② 나는 언제 떠나야 할지 모르겠어요.
　　I don't know when to leave.
③ 난 언제 씨를 뿌려야 할지 모르겠어요.
　　I don't know when to spread seeds.

변형4　I don't know where to ~ (나는 어디로 ~할지 몰라요.)
실제상황 ① 나는 어디로 가야 할지 모르겠어요.
　　I don't know where to go.
② 나는 오늘부터 어디에 살아야 할지 모르겠어요.
　　I don't know where to live from today on.
③ 나는 오늘밤 어디에 머물러야 할지 모르겠어요.
　　I don't know where to stay for the night.

변형5　I don't know what to ~ (나는 무엇을 ~할지 몰라요.)
실제상황 ① 나는 하루 종일 기숙사에서 뭘 해야 할지 모르겠어요.
　　I don't know what to do in the dormitory all day long.
② 나는 간이식당에서 뭘 먹어야 할지 모르겠어요.
　　I don't know what to eat at the cafeteria.
③ 나는 그녀의 결혼기념일 파티에 뭘 입어야 할지 모르겠어요.
　　I don't know what to wear at her wedding anniversary party.

Video __ **You are not supposed to ~**
변형1　You are supposed to ~ (당신은 ~하기로 되어 있잖아요.)
실제상황 ① 너 여기 7시까지 오기로 되어 있잖아.
　　You are supposed to be here by seven.

② 너 그 비디오 이틀 전에 반납하기로 되어 있잖아.
   You are supposed to return the video two days ago.
③ 너 그 자료를 저장하기로 되어 있잖아.
   You are supposed to store the data.

변형2   How am I supposed to ~ (나는 어떻게 ~하라는 말이야?)
실제상황 ① 나더러 어떻게 너 없이 살란 말이야?
   How am I supposed to live without you?
② 나더러 어떻게 그 차를 수리하라는 거야?
   How am I supposed to repair the car?
③ 나더러 어떻게 그 경기를 이기라는 거야?
   How am I supposed to win the game?

변형3   What am I supposed to ~ (나더러 뭘 ~하라는 거야?)
실제상황 ① 그럼 날더러 뭐하라는 거야?
   What am I supposed to do?
② 그럼 날더러 뭘 읽으라는 거야?
   What am I supposed to read?
③ 그럼 날더러 뭘 입으라는 거야?
   What am I supposed to wear?

Village __ No matter what happens, I have to ~
변형1   No matter who you are, you can't ~
         (당신이 누구든지 간에 당신은 ~할 수 없다.)
실제상황 ① 당신이 누구든지 간에 당신은 그 안에 들어갈 수 없다.
   No matter who you are, you can't go in there.
② 당신이 누구든지 간에 당신은 그의 얼굴을 때릴 수 없다.
   No matter who you are, you can't slap him.
③ 당신이 누구든지 간에 당신은 나를 막을 수 없다.
   No matter who you are, you can't stop me.

변형2   No matter how + 형용사 + you are, you can't ~

(아무리 네가 ~해도, 너는 ~할 수 없다.)

실제상황 ① 아무리 네가 화가 났다고 해도 너는 그를 때릴 수 없어.

No matter how angry you are, you can't hit him.

② 아무리 네가 똑똑하다고 해도 너는 그렇게 짧은 기간에 외국어를 통달할 수 없어.

No matter how smart you are, you can't master foreign languages in such a short period of time.

③ 아무리 네가 재능이 있다고 해도 너는 편집자가 될 수 없어.

No matter how talented you are, you can't be an editor.

Violin __ Is that your ~ ?

변형1   Is that + 형용사? (그거 ~해?)

실제상황 ① 그거 재밌어?

Is that funny?

② 그거 어려워?

Is that hard?

③ 그거 사실이야?

Is that true?

Wall __ I saw you ~

변형1   I heard you ~ (나는 네가 ~하는 것을 들었다.)

실제상황 ① 나는 네가 서재에서 소리 지르는 것을 들었다.

I heard you scream in the study.

② 나는 네가 강당에서 재채기하는 소리를 들었다.

I heard you sneeze in the auditorium.

③ 나는 어젯밤 네가 코고는 소리를 들었다.

I heard you snore last night.

Weekend __ Let's go ~

변형1   Let's go ~ing. (~하러 가자.)

실제상황 ① 볼링 치러 가자.

Let's go bowling.

② 낚시하러 가자.
Let's go fishing.
③ 스키 타러 가자.
Let's go skiing.

Women __ You will be ~

변형1   You can be + 과거분사 (너는 ~될 수도 있어.)

실제상황 ① 또 늦으면 해고될 수도 있어.
You can be fired if you are late again.
② 넌 그녀의 생일파티에 초대받을 수도 있어.
You can be invited to her birthday party.
③ 넌 일년 만에 석방될 수도 있어.
You can be released in a year.

변형2   You may be + 과거분사 (너는 ~될지도 몰라.)

실제상황 ① 넌 젊은 사람들에게 모욕을 당할지도 몰라.
You may be insulted from the young.
② 넌 같은 실수를 또 하면 벌을 받을지도 몰라.
You may be punished for making the same mistake again.
③ 넌 다른 병원으로 옮겨질지도 몰라.
You may be transferred to another hospital.

변형3   You must be + 감정과거분사 (너는 ~한 감정임에 틀림없어.)

실제상황 ① 너는 시험결과에 실망한 게 틀림없구나.
You must be disappointed at the test result.
② 너는 그 경기를 보고 흥분한 게 틀림없구나.
You must be excited to watch the game.
③ 너는 천문학에 흥미가 있는 게 틀림없구나.
You must be interested in astronomy.

X-ray __ You'd better ~

변형1   You'd better not ~ (너는 ~하지 않는 게 좋을 거야.)

실제상황 ① 너는 부정행위를 하지 않는 게 좋을 거야.
You'd better not cheat on an exam.

② 당신은 바람피우지 않는 게 좋을 거야.
You'd better not have an affair.
③ 너는 규정을 위반하지 않는 게 좋을 거야.
You'd better not violate the regulations.

Xylophone __ I used to ~

변형1 It used to ~ (그것은 ~이었어.)
실제상황 ① 그것은 옛날에 구리 광산이었어.
It used to be a copper mine. (《브로큰 애로우 Broken Arrow》의 대사)
② 그것은 옛날에 유치원이었어.
It used to be a kindergarten.
③ 그것은 옛날에 자그마한 가게였어.
It used to be a small store.

Year __ You look much ~

변형1 You look + 형용사 (당신은 ~하게 보이는군요.)
실제상황 ① 당신은 매력적으로 보이는군요.
You look attractive.
② 당신은 무관심해 보이는군요.
You look indifferent.
③ 당신은 나이보다 젊어 보이는군요.
You look younger for your age.

변형2 Do I look like a ~ (내가 ~같이 보여?)
실제상황 ① 내가 귀신처럼 보여?
Do I look like a ghost?
② 내가 괴물처럼 보여?
Do I look like a monster?
③ 내가 허수아비처럼 보여?
Do I look like a scarecrow?

변형3 Do I look + 형용사? (내가 ~하게 보여?)
실제상황 ① 내가 귀여워 보여?
Do I look cute?

② 내가 외로워 보여?
Do I look lonely?
③ 내가 창백해 보여?
Do I look pale?

Yellow __ ~ and you will ~
변형1 명령문 + or you will (~해라, 그렇지 않으면 너는 ~할 것이다.)
실제상황 ① 아침에 일찍 일어나라. 그렇지 않으면 너는 기차를 놓칠 것이다.
Get up early in the morning **or you will** miss the train.
② 꽃병을 조심스럽게 다뤄라. 그렇지 않으면 너는 그것을 깨뜨릴 것이다.
Handle the vase with care **or you will** break it.
③ 경찰관에게 네가 목격한 것을 말해라. 그렇지 않으면 너는 곤경에 처할 것이다.
Tell the police officer what you witnessed **or you will** be in trouble.

Youth __ She seems to ~
변형1 It seems that he ~ (그가 ~할 것 같아 보인다.)
실제상황 ① 그가 불교를 믿고 있는 것처럼 보인다.
It seems that he believes in Buddhism.
② 그가 심각한 것처럼 보인다.
It seems that he is serious.
③ 그가 내 딸을 사랑하는 것처럼 보인다.
It seems that he loves my daughter.

Zebra __ Have you seen ~
변형1 Have you seen the + 명사 + 동사 (당신은 ~가 ~하는 걸 본 적이 있나요?)
실제상황 ① 너 그 사기꾼이 사람들 속이는 거 봤어?
Have you seen the fraud deceive people?
② 너 그 소녀가 트림하는 거 봤어?
Have you seen the girl belch?
③ 너 빙산이 녹는 거 봤어?
Have you seen the iceberg melt?

변형2 Have you ever been to ~ (당신은 ~에 가본 적 있나요?)
실제상황 ① 너 그 편의점에 가본 적 있니?
Have you ever been to the convenience store?
② 너 그 전시회에 가본 적 있니?
Have you ever been to the exhibition?
③ 너 그 휴양지에 가본 적 있니?
Have you ever been to the resort?

변형3 I've never seen the + 명사 + 동사 (나는 ~가 ~하는 것을 본 적이 없다.)
실제상황 ① 나는 그 신사가 지팡이를 사용하는 걸 본 적이 없다.
I've never seen the gentleman use the cane.
② 나는 그 농부가 밭을 가는 걸 본 적이 없다.
I've never seen the peasant plow.
③ 나는 그 여자가 굴을 먹는 걸 본 적이 없다.
I've never seen the woman eat oysters.

Zero __ That's why he ~
변형1 That's how he ~ (그게 바로 그가 ~한 방법이다.)
실제상황 ① 그게 바로 그가 닭을 요리하는 방법이다.
That's how he cooks chicken.
② 그게 바로 그가 감옥을 탈출한 방법이다.
That's how he escaped from prison.
③ 그게 바로 그가 사고에서 살아남은 방법이다.
That's how he survived the accident.

Zone __ I don't understand those who ~
변형1 Those who + 동사 + will be + 과거분사 (~하는 사람은 ~될 것이다.)
실제상황 ① 지각하는 사람들은 벌을 받을 것이다.
Those who are late for school will be punished.
② 다른 사람에게 거짓말을 하는 사람들은 비난받을 것이다.
Those who lie to others will be blamed.
③ 이 과학 문제를 푸는 사람들은 칭찬받을 것이다.
Those who solve these science questions will be praised.

05

Check it out! 확인 들어갑니다

part I

album

help 돕다	I want you to help me.
teacher 선생님	I want you to be a teacher.
happy 행복한	I want you to be happy.
persuade 설득하다	I want you to persuade him.
sculptor 조각가	I want you to be a sculptor.
enthusiastic 열정적인	I want you to be enthusiastic.

baby

hit 때리다	I told you not to hit him.
idiot 바보	I told you not to call him an idiot.
late 늦은	I told you not to be late.
betray 배신하다	I told you not to betray me.
editorial 사설	I told you not to read the editorial.
rude 무례한	I told you not to be rude.

chair

open 열다	Do you mind if I open the window?
book 책	Do you mind if I borrow your book?
ventilate 환기시키다	Do you mind if I ventilate the air?
suggestion 제안	Do you mind if I take his suggestion?

dish

write 쓰다	Don't forget to write me a letter.
umbrella 우산	Don't forget to get your umbrella back.
careful 조심성있는	Don't forget to be careful.
celebrate 축하하다	Don't forget to celebrate her birthday.
refund 환불	Don't forget to get a refund.

cautious 조심하는　　Don't forget to be cautious.

elevator

follow 따르다	Why don't you follow me?
question 질문	Why don't you ask me a question?
silent 조용한	Why don't you be silent?
compete 경쟁하다	Why don't you compete with him?
diplomat 외교관	Why don't you be a diplomat?
punctual 시간을 엄수하는	Why don't you be punctual?

farmer

student 학생	You must be a student.
sad 슬픈	You must be sad.
architect 건축가	You must be an architect.
indifferent 무관심한	You must be indifferent.

game

play 놀다	I'm ready to play soccer.
country 나라	I'm ready to travel to the country.
young 젊은	I'm ready to be young.
attack 공격하다	I'm ready to attack the city.
insect 곤충	I'm ready to kill the insects.
generous 관대한	I'm ready to be generous.

hair

leg 다리	What happened to your leg?
sole 발바닥	What happened to your sole?

ice

read 읽다	You are not allowed to read the book.

girl 소녀	You are not allowed to meet the girl.
late 늦은	You are not allowed to be late for school.
postpone 연기하다	You are not allowed to postpone the schedule.
attic 다락방	You are not allowed to go to the attic.
dependent 의존하는	You are not allowed to be dependent.

jean

animal 동물	What kind of animals do you like?
dinosaur 공룡	What kind of dinosaurs do you like?

key

dog 개	I know where the dog is.
microscope 현미경	I know where the microscope is.

lake

stay 머물다	It is dangerous to stay in the hotel.
secret 비밀	It is dangerous to tell him the secret.
careless 조심성 없는	It is dangerous to be careless.
assassinate 암살하다	It is dangerous to assassinate him.
current 물살	It is dangerous to cross the current.
curious 호기심 있는	It is dangerous to be curious about the man.

magazine

color 색	What is your favorite color?
poem 시	What is your favorite poem?

name

watch 보다	I am about to watch the movie.
hat 모자	I am about to give him a hat.
apologize 사과하다	I am about to apologize to him.

antiques 골동품	I am about to buy the antiques.

oasis

find 찾다	He has little chance of finding it.
present 선물	He has little chance of sending me the present.
angry 화난	He has little chance of getting angry.
participate 참가하다	He has little chance of participating in the game.
fiance 약혼자	He has little chance of leaving his fiance.
nervous 긴장하는	He has little chance of getting nervous.

pencil

sell 팔다	This is the house I want to sell.
woman 여성	This is the woman I want to love.
purchase 구입하다	This is the furniture I want to purchase.
badger 오소리	This is the badger I want to raise.

queen

river 강	I know how deep the river is.
smart 똑똑한	I know how smart the boy is.
attorney 변호사	I know how kind the attorney is.
strict 엄격한	I know how strict the teacher is.

rabbit

live 살다	This is the apartment where I will live with my parents.
restaurant 식당	This is the restaurant where I will meet my boyfriend.
construct 건설하다	This is the land where I will construct the building.
shelter 피난처	This is the shelter where I will stay for the winter.

school

call 전화하다	You don't have to call me.

beggar 거지 — You don't have to help the beggar.
afraid 무서운 — You don't have to be afraid.
employ 고용하다 — You don't have to employ him.
sanctuary 성소 — You don't have to tell me where the sanctuary is.
serious 심각한 — You don't have to be serious.

teeth

change 바꾸다 — When did you change your socks?
hammer 망치 — When did you borrow hammer?
develop 현상하다 — When did you develop the film?
galaxy 은하수 — When did you see the galaxy?

umbrella

wait 기다리다 — It will take you a few hours to wait for me.
island 섬 — It will take you a few hours to find the island.
negotiate 협상하다 — It will take you a few hours to negotiate with them.
auction 경매 — It will take you a few hours to start the auction.

vase

drive 운전하다 — I don't know how to drive.
bicycle 자전거 — I don't know how to ride the bicycle.
rescue 구조하다 — I don't know how to rescue them.
survivor 생존자 — I don't know how to save the survivors.

wall

study 공부하다 — I saw you study math.
friend 친구 — I saw you talk to your friend.
deposit 예금하다 — I saw you deposit the money.
recipe 조리법 — I saw you explain to him about the recipe.

x-ray

work 일하다   You'd better work hard.
sky 하늘   You'd better look at the sky.
exhale 숨을 내쉬다   You'd better exhale.
victim 희생자   You'd better help the victims.

yacht

sing 노래하다   I can't keep singing.
student 학생   I can't keep teaching the student.
assemble 조립하다   I can't keep assembling the model plane.
shrimp 새우   I can't keep eating the shrimps.

zebra

bridge 다리   Have you seen the bridge?
portrait 초상화   Have you seen the portrait?

part II

angel

guide 안내원   We regard her as a guide.
saint 성자   We regard her as a saint.

bicycle

have 가지다   You deserve to have this.
president 대통령   You deserve to meet the president.
proud 자랑스러운   You deserve to be proud.
admire 찬양하다   You deserve to be admired.
popularity 인기   You deserve to gain popularity.
confident 자신감 있는   You deserve to be confident.

children

teach 가르치다	I don't like the way you teach.
piano 피아노	I don't like the way play the piano.
discuss 논의하다	I don't like the way you discuss the matter.
acrobat 곡예사	I don't like the way you train the acrobat.

doctor

soccer player 축구 선수	I wish I were a soccer player.
rich 부유한	I wish I were rich.
entertainer 연예인	I wish I were an entertainer.
passionate 열정적인	I wish I were passionate.

English

see 보다	I remember seeing you before.
vase 꽃병	I remember buying the vase.
absent 결석한	I remember being absent from school.
insult 모욕을 주다	I remember being insulted.
embassy 대사관	I remember visiting the embassy.
arrogant 오만한	I remember being arrogant to him.

father

arrive 도착하다	You should have arrived earlier.
information 정보	You should have told me the information in advance.
serious 심각한	You should have been serious.
challenge 도전하다	You should have given him a chance to challenge.
scholarship 장학금	You should have gotten a scholarship.
humble 겸손한	You should have been humble.

gloves

listen 듣다	I don't want to listen to you.

policeman 경찰관	I don't want to be a policeman.
poor 가난한	I don't want to be poor.
hesitate 주저하다	I don't want to hesitate to marry her.
slave 노예	I don't want to be a slave.
pessimistic 비관적인	I don't want to be pessimistic.

handkerchief

desk 책상	There is a coin on the desk.
calculator 계산기	There is a calculator on the floor.

ink

take 취하다	I feel like taking a walk.
toy 장난감	I feel like making a toy.
register 등록하다	I feel like registering for the chinese course.
beard 턱수염	I feel like shaving my beard.

job

invite 초대하다	If I were you, I would invite her.
advice 충고	If I were you, I would give him some advice.
active 활동적인	If I were you, I would be more active.
punish 처벌하다	If I were you, I would punish him.
vacuum cleaner 진공청소기	If I were you, I would use the vacuum cleaner.
considerate 사려 깊은	If I were you, I would be more considerate.

kite

smoke 담배 피다	I'm here to smoke.
picture 사진	I'm here to show you the picture.
healthy 건강한	I'm here to be healthy.
protect 보호하다	I'm here to protect you from danger.
ladder 사다리	I'm here to borrow the ladder.

comfortable 편안한   I'm here to be comfortable.

lemon

food 음식   The food tastes delicious.
bad 나쁜   The fish tastes bad.
persimmon 감   The persimmon tastes sweet.
spicy 매운   The soup tastes spicy.

milk

smoke 담배 피다   Promise me that you will stop smoking.
scientist 과학자   Promise me that you will be a great scientist.
diligent 부지런한   Promise me that you will be diligent.
donate 기부하다   Promise me that you will donate the money.
scholar 학자   Promise me that you will be a scholar.
prudent 신중한   Promise me that you will be prudent.

newspaper

know 알다   How long have you been knowing each other?
French 프랑스어   How long have you been learning French?
sick 아픈   How long have you been sick?
observe 관찰하다   How long have you been observing them?
cathedral 성당   How long have you been building the cathedral?
painful 고통스런   How long have you been painful?

office

store 가게   I'll take you to the store on my way home.
laboratory 실험실   I'll take you to the laboratory on my way home.

people

understand 이해하다   There are few people who can understand him.

problem 문제 — There are few people who can solve the problem.
excel 능가하다 — There are few people who can excel him.
fortress 요새 — There are few people who can get him out of the fortress.

question

lie 거짓말하다 — I found it difficult to lie to her.
father 아버지 — I found it difficult to be a good father.
extend 연장하다 — I found it difficult to extend the period.
priest 신부 — I found it difficult to be a priest.

refrigerator

answer 대답하다 — Thank you for answering my question.
morning 아침 — Thank you for waking me up in the morning.
encourage 격려하다 — Thank you for encouraging me.
definition 정의 — Thank you for telling me the definition of the word.

sea

smart 똑똑한 — I don't think he is smart.
faithful 충실한 — I don't think he is faithful.

theater

save 구하다 — This is the only way to save him.
habit 습관 — This is the only way to get rid of my bad habit.
release 석방하다 — This is the only way to release her.
labyrinth 미로 — This is the only way to get out of the labyrinth.

uncle

kill 죽이다 — There is no evidence that he killed her.
letter 편지 — There is no evidence that he showed her the letter
better 더 나은 — There is no evidence that he is better.

smuggle 밀수하다	There is no evidence that he smuggled it.
bribe 뇌물	There is no evidence that he took the bribe.
sane 제정신인	There is no evidence that he is sane.

video

forgive 용서하다	You are not supposed to forgive him.
name 이름	You are not supposed to forget his name.
disclose 폭로하다	You are not supposed to disclose it.
exclude 제외하다	You are not supposed to exclude him.

weekend

find 찾다	Let's go find it.
baseball 야구	Let's go play baseball.
arrest 체포하다	Let's go arrest him.
policy 정책	Let's go protest against the policy.

xylophone

visit 방문하다	I used to visit the town.
writer 작가	I used to be a writer.
blame 비난하다	I used to blame her.
nun 수녀	I used to be a nun.

year

| weak 약한 | You look much weaker. |
| mature 성숙한 | You look much more mature. |

zero

kill 죽이다	That's why he killed himself.
river 강	That's why he crossed the river.
ill 아픈	That's why he is ill.
ascribe ~덧으로 돌리다	That's why he ascribed his success to her.

shrine 신전   That's why he built the shrine.
popular 인기 있는   That's why he is popular.

part III

apartment

succeed 성공하다   You can't succeed in life unless you do your best.
taxi 택시   You can't go there unless you take the taxi.
concentrate 집중하다   You can't learn much unless you concentrate.
lecture 강의   You can't understand the lecture unless you listen carefully.

body

understand 이해하다   I didn't understand that, either.
concert 연주회   I didn't go to the concert, either.
complain 불평하다   I didn't complain about it, either.
treasure 보물   I didn't find the treasure, either.

chimney

fix 고치다   Don't ask me to fix the computer.
daughter 딸   Don't ask me to take care of your daughter.
decorate 장식하다   Don't ask me to decorate the room.
shortcut 지름길   Don't ask me to find the shortcut.

dog

focus 집중하다   I'm too sleepy to focus.
drugstore 약국   I'm too tired to go to the drugstore.
afraid 두려운   I'm too afraid to look at that scene.
attend 참석하다   I'm too busy to attend the meeting.

dawn 새벽	I'm too lazy to wake up at dawn.
innocent 순진한	I'm too innocent to talk to her.

eraser
wallet 지갑	Which one's your wallet?
wig 가발	Which one's your wig?

flower
write 쓰다	When was the last time you wrote an essay?
speech 연설	When was the last time you made a speech?
vote 투표하다	When was the last time you voted?
farewell party 송별회	When was the last time you held a farewell party?

grape
break 깨다	It was at the living room that I broke the window.
building 건물	It was at the building that I had an accident.
threaten 위협하다	It was at the parking lot that I tried to threaten him.
warehouse 창고	It was at the warehouse that I found her.

head
hide 숨다	We had no choice but to hide in the room.
ox 소	We had no choice but to sell the ox.
reject 거절하다	We had no choice but to reject it.
crop 작물	We had no choice but to burn the crops.

iron
different 다른	Can't you see I'm different?
pale 창백한	Can't you see I'm pale?

judge
cook 요리사	He grew up to be a cook.

carpenter 목수	He grew up to be a carpenter.

knife

quit 그만두다	The fact is that he quit the job.
city 도시	The fact is that he moved to the city.
prove 증명하다	The fact is that he proved it.
suicide 자살	The fact is that he committed suicide.

letter

prepare 준비하다	I spent two hours preparing for dinner.
letter 편지	I spent two hours typing the letter.
investigate 수사하다	I spent two hours investigating it.
basement 지하실	I spent two hours cleaning the basement.

mountain

station 역	What a close station it is!
clear 깨끗한	What a clear sky it is!
fountain 분수	What a beautiful fountain it is!
delicate 민감한	What a delicate matter it is!

novelist

cook 요리하다	I wonder if you will cook for me?
farm 농장	I wonder if you will sell the farm?
chase 추적하다	I wonder if you will chase him?
privilege 특권	I wonder if you will give me a privilege to meet her?

onion

use 사용하다	I had trouble using the machine.
comb 빗	I had trouble finding my comb.
extinguish 끄다	I had trouble extinguishing the fire.

secretary 비서	I had trouble firing the secretary.

picnic

go 가다	It's time to go for a drive.
dessert 후식	It's time to eat dessert.
announce 발표하다	It's time to announce it.
article 기사	It's time to print the article.

room

watch 보다	What do you think you are watching?
library 도서관	What do you think you are reading in the library?
select 고르다	What do you think you are selecting?
exhibition 전시회	What do you think you are touching in the exhibition?

shoulder

drop 떨어뜨리다	I was really surprised when he dropped his book in the quiet classroom.
cancer 암	I was really surprised when he died of cancer.
recognize 알아보다	I was really surprised when he recognized me immediately.
valuable 귀중품	I was really surprised when he lost the valuables.

train

bride 신부	The bride has just arrived.
pirate 해적	The pirate has just arrived.

uniform

decide 결정하다	They demanded that he decide when to start.
sword 칼	They demanded that he draw the sword.
appoint 임명하다	They demanded that he appoint her as mayor.

semester 학기	They demanded that he graduate from college in this semester.

village

prove 증명하다	No matter what happens, I have to prove that it exists
drama 드라마	No matter what happens, I have to watch the drama.
resign 사임하다	No matter what happens, I have to make him resign.
destination 목적지	No matter what happens, I have to reach the destination.

wife

spend 시간을 보내다	How could you spend all the money?
exam 시험	How could you fail the entrance exam?
stupid 멍청한	How could you be so stupid?
urge 재촉하다	How could you urge me to pay your money back?
violence 폭력	How could you use violence?
negative 부정적인	How could you be so negative?

yellow

help 돕다	Help me and I will give you some money.
home 가정	Come home early and I will make you some food.
improve 향상시키다	Improve your grade and I will buy you a bike.
colleague 동료	Promise to help my colleague and I will do whatever you want.

zone

waste 낭비하다	I don't understand those who waste water.
helmet 헬멧	I don't understand those who work without wearing helmets.
lack 부족하다	I don't understand those who lack interest in sports.
politician 정치가	I don't understand those who try to be a politician.

part IV

arm

move 움직이다	He is strong enough to move the furniture.
rock 바위	He is strong enough to lift the rock.
rich 부유한	He is rich enough to help the poor.
defeat 패배시키다	He is strong enough to defeat him.
marble 대리석	He is strong enough to carry the heavy marble.
sociable 사교적인	He is sociable enough to make so many friends.

book

lose 잃다	He admitted that he had lost the key.
hotel 호텔	He admitted that he had forced her to sleep in the hotel.
wrong 잘못된	He admitted that he had been wrong.
discriminate 차별하다	He admitted that he had discriminated them.
orchard 과수원	He admitted that he had picked apples in the orchard.
unfaithful 성실치 못한	He admitted that he had been unfaithful to his wife.

church

bother 괴롭히다	How dare you bother my sister?
law 법	How dare you break the law?
unkind 불친절한	How dare you be so unkind?
assume 가정하다	How dare you assume that I'm a thief?
criminal 범인	How dare you believe that I'm a criminal?
arrogant 오만한	How dare you be so arrogant?

door

act 행동하다	Do you know the reason why he acted like that?
soldier 군인	Do you know the reason why he became a soldier?
sure 확실한	Do you know the reason why he is so sure?

cheat 속이다	Do you know the reason why he cheated on the exam?
foundation 재단	Do you know the reason why he established the foundation?
exhaust 지친	Do you know the reason why he is so exhausted?

eye

empty 비우다	All you have to do is empty the trash cans.
blanket 담요	All you have to do is fold the blankets.
bleach 표백하다	All you have to do is bleach the clothes.
burglar 강도	All you have to do is catch the burglar.

foot

hate 미워하다	I didn't mean to hate you.
frog 개구리	I didn't mean to kill the frog.
frighten 무섭게하다	I didn't mean to frighten you.
beverage 음료수	I didn't mean to spill the beverage.

guitar

dizzy 어지러운	I'm getting dizzy.
furious 분노하는	I'm getting furious.

hotel

turn 돌다	I'd rather turn on the fan.
valley 계곡	I'd rather go to the valley.
drain 배수시키다	I'd rather drain water from the bathtub.
equipment 장비	I'd rather use the equipment.

island

arrive 도착하다	What if they don't arrive at the bus terminal?
work 일	What if they don't finish the work by noon?

surrender 항복하다　　What if they don't surrender?
victim 피해자　　What if they don't help the victims?

juice

weigh 몸무게가 나가다　　Let me weigh myself.
scale 저울　　Let me get on the scale.
withdraw 인출하다　　Let me withdraw my money from the bank.
departure 출발　　Let me know your departure in advance.

Korea

big 큰　　I'm gonna show you something bigger.
impressive 인상적인　　I'm gonna show you something impressive.

love

friendship 우정　　I do think friendship is the most precious thing in the world.
philanthropy 박애　　I do think philanthropy is the most precious thing in the world.

mouth

fasten 매다　　Make sure that you fasten your seat belt.
voice 목소리　　Make sure that you keep your voice down in the library.
spit 침 뱉다　　Make sure that you don't spit on the street.
fluorescent light 형광등　　Make sure that you replace the fluorescent light.

nurse

earn 얻다　　Is this the man who made you earn money?
lawyer 변호사　　Is this the man who killed the lawyer?
supervise 감독하다　　Is this the man who supervised the factory?
robber 강도　　Is this the man who caught the robber?

orange

make 만들다	Could you stop making the dog bark?
mistake 실수	Could you stop making the same mistake?
snore 코골다	Could you stop snoring beside me?
corridor 복도	Could you stop running in the corridor?

prison

laugh 웃다	Why are you laughing?
moon 달	Why are you looking at the moon?
seduce 유혹하다	Why are you seducing him?
couch 소파	Why are you lying on the couch?

rose

walk 걷다	I'm so happy to walk on the fallen leaves with my girlfriend.
musician 음악가	I'm so happy to be a musician.
qualify 자격을 부여하다	I'm so happy to qualify for the credit card.
astronaut 우주비행사	I'm so happy to be an astronaut.

stamp

support 부양하다	My duty is to support my family.
area 지역	My duty is to keep the area secure.
testify 증언하다	My duty is to testify before the judge.
proof 증거	My duty is to find the proof.

tree

shoot 쏘다	There is a man trying to shoot the bear.
squirrel 다람쥐	There is a man trying to throw a stone at the squirrel.
measure 재다	There is a man trying to measure the height of the building.

fire extinguisher 소화기   There is a man trying to use a fire extinguisher.

university

hire 고용하다	I'm sure you will hire him.
player 선수	I'm sure you will notice that he is a good player.
float 뜨다	I'm sure you will float on the water.
cemetery 묘지	I'm sure you will take me to the cemetery.

violin

cell phone 휴대폰	Is that your cell phone?
razor 면도기	Is thar your razor?

women

praise 칭찬하다	You will be praised if you do something good.
chairman 의장	You will be elected as chairman.
nominate 후보로 지명하다	You will be nominated as the best actress.
conference room 회의실	You will be scolded for not cleaning the conference room.

youth

join 가입하다	She seems to join our club.
model 모델	She seems to have been a model.
pretend ~인 척하다	She seems to pretend to sleep.
receptionist 접수원	She seems to have been a receptionist.

zoo

climb 오르다	How often do you climb mountains?
temple 절	How often do you go to the temple?
observe 관찰하다	How often do you observe stars at night?
amusement park 놀이공원	How often do you go to the amusement park?

1. Keyword 100문장

Part I 26개 키워드 문장

album __ I want you to show me the album.

baby __ I told you not to make the baby cry.

chair __ Do you mind if I borrow the chair?

dish __ Don't forget to wash the dishes before you go out.

elevator __ Why don't you take the elevator?

farmer __ You must be a farmer.

game __ I'm ready to play the computer game.

hair __ What happened to your hair?

ice __ You are not allowed to sled on the thin ice.

jean __ What kind of jeans do you like?

key __ I know where the key is.

lake __ It is dangerous to cross the lake without using a boat.

magazine __ What is your favorite magazine?

name __ I am about to write my name on the application form.

oasis __ He has little chance of finding an oasis in the middle of the desert.

pencil __ This is the pencil I want to buy.

queen __ I know how elegant the queen is.

rabbit __ This is the place where I will catch rabbits.

school __ You don't have to go to school.

teeth __ When did you brush your teeth?

umbrella __ It will take you a few hours to get your umbrella back from the lost and found.

vase __ I don't know how to arrange flowers in the vase.

wall __ I saw you lean against the wall and have a conversation with someone.

x-ray __ You'd better have your ankle x-rayed in the hospital.

yacht __ I can't keep sailing by yacht anymore because I'm too exhausted.

zebra __ Have you seen the zebra?

Part I · II 52개 키워드 문장

album __ I want you to show me the album.

angel __ We regard her as an angel.

baby __ I told you not to make the baby cry.

bicycle __ You deserve to receive a bicycle as you won the first place in the final exams.

chair __ Do you mind if I borrow the chair?

children __ I don't like the way you treat children.

dish __ Don't forget to wash the dishes before you go out.

doctor __ I wish I were a doctor.

elevator __ Why don't you take the elevator?

English __ I remember memorizing as many English sentences as possible when I was a high school student.

farmer __ You must be a farmer.

father __ You should have obeyed your father while he was alive.

game __ I'm ready to play the computer game.

gloves __ I don't want to take off my gloves because it is too cold.

hair __ What happened to your hair?

handkerchief __ There is a handkerchief on the table.

ice __ You are not allowed to sled on the thin ice.

ink __ I feel like writing a composition on global warming in blue ink today.

jean __ What kind of jeans do you like?

job __ If I were you, I would quit the job and find another one.

key __ I know where the key is.

kite __ I'm here to make a wish for the year, flying a kite.

lake __ It is dangerous to cross the lake without using a boat.

lemon __ The lemon tastes sour.

magazine __ What is your favorite magazine?

milk __ Promise me that you will be careful when you drink milk.

name __ I am about to write my name on the application form.

newspaper __ How long have you been reading the newspaper?

oasis __ He has little chance of finding an oasis in the middle of the desert.

office __ I'll take you to the office on my way home.

pencil __ This is the pencil I want to buy.

people __ There are few people who can predict what will happen in the future.

queen __ I know how elegant the queen is.

question __ I found it difficult to find a solution to the question.

rabbit __ This is the place where I will catch rabbits.

refrigerator __ Thank you for fixing the refrigerator.

school __ You don't have to go to school.

sea __ I don't think he is afraid of rescuing the drowning child in the sea.

teeth __ When did you brush your teeth?

theater __ This is the only way to evacuate from the theater in case there is a fire.

umbrella __ It will take you a few hours to get your umbrella back from the lost and found.

uncle __ There is no evidence that he murdered his uncle to inherit a large fortune.

vase __ I don't know how to arrange flowers in the vase.

video __ You are not supposed to watch the video because it has lots of violent scenes.

wall __ I saw you lean against the wall and have a conversation with someone.

weekend __ Let's go find something to do this weekend.

x-ray __ You'd better have your ankle x-rayed in the hospital.

xylophone __ I used to play the xylophone when I was young.

yacht __ I can't keep sailing by yacht anymore because I'm too exhausted.

year __ You look much more beautiful this year.

zebra __ Have you seen the zebra?

zero __ That's why he worked late into the night even though the temperature was ten degrees below zero.

Part I · II · III 76개 키워드 문장

album I want you to show me the album.
angel We regard her as an angel.
apartment You can't move to a more spacious apartment unless you work hard.
baby I told you not to make the baby cry.
bicycle You deserve to receive a bicycle as you won the first place in the final exams.
body I didn't realize that keeping the body healthy is important, either.
chair Do you mind if I borrow the chair?
children I don't like the way you treat children.
chimney Don't ask me to clean the chimney.
dish Don't forget to wash the dishes before you go out.
doctor I wish I were a doctor.
dog I'm too scared to approach the dog.
elevator Why don't you take the elevator?
English I remember memorizing as many English sentences as possible when I was a high school student.
eraser Which one is your eraser?
farmer You must be a farmer.
father You should have obeyed your father while he was alive.
flower When was the last time you gave your wife flowers as a gift?
game I'm ready to play the computer game.
gloves I don't want to take off my gloves because it is too cold.
grape It was at the grocery store that she bought three bunches of grapes.
hair What happened to your hair?
handkerchief There is a handkerchief on the table.
head We had no choice but to laugh at the teacher's shiny bald head.
ice You are not allowed to sled on the thin ice.
ink I feel like writing a composition on global warming in blue ink today.

iron   Can't you see I'm busy ironing the suit?

jean   What kind of jeans do you like?

job   If I were you, I would quit the job and find another one.

judge   He grew up to be a judge.

key   I know where the key is.

kite   I'm here to make a wish for the year, flying a kite.

knife   The fact is that she stabbed the tyrant with a knife.

lake   It is dangerous to cross the lake without using a boat.

lemon   The lemon tastes sour.

letter   I spent two hours writing a letter last night.

magazine   What is your favorite magazine?

milk   Promise me that you will be careful when you drink milk.

mountain   What a beautiful mountain it is!

name   I am about to write my name on the application form.

newspaper   How long have you been reading the newspaper?

novelist   I wonder if you will be a novelist.

oasis   He has little chance of finding an oasis in the middle of the desert.

office   I'll take you to the office on my way home.

onion   I had trouble peeling onions in the kitchen.

pencil   This is the pencil I want to buy.

people   There are few people who can predict what will happen in the future.

picnic   It's time to go on a picnic.

queen   I know how elegant the queen is.

question   I found it difficult to find a solution to the question.

rabbit   This is the place where I will catch rabbits.

refrigerator   Thank you for fixing the refrigerator.

room   What do you think you are doing in my room?

school   You don't have to go to school.

sea   I don't think he is afraid of rescuing the drowning child in the sea.

shoulder   I was really surprised when someone tapped me on the shoulder.

teeth   When did you brush your teeth?

theater   This is the only way to evacuate from the theater in case there is a fire.

train   The train has just arrived at the station.

umbrella   It will take you a few hours to get your umbrella back from the lost and found.

uncle   There is no evidence that he murdered his uncle to inherit a large fortune.

uniform   They demanded that he wear the uniform on duty.

vase   I don't know how to arrange flowers in the vase.

video   You are not supposed to watch the video because it has lots of violent scenes.

village   No matter what happens, I have to reach the village in time.

wall   I saw you lean against the wall and have a conversation with someone.

weekend   Let's go find something to do this weekend.

wife   How could you be so cruel to your wife?

x-ray   You'd better have your ankle x-rayed in the hospital.

xylophone   I used to play the xylophone when I was young.

yacht   I can't keep sailing by yacht anymore because I'm too exhausted.

year   You look much more beautiful this year.

yellow   Mix red with yellow and you will get orange.

zebra   Have you seen the zebra?

zero   That's why he worked late into the night even though the temperature was ten degrees below zero.

zone   I don't understand those who speed up at the school zone.

Part I · II · III · IV 100개 키워드 문장

album   I want you to show me the album.

angel   We regard her as an angel.

apartment   You can't move to a more spacious apartment unless you work hard.

arm   He is strong enough to break my arm.

baby   I told you not to make the baby cry.

bicycle   You deserve to receive a bicycle as you won the first place in the final exams.

body   I didn't realize that keeping the body healthy is important, either.

book   He admitted that he had stolen the book at the library.

chair   Do you mind if I borrow the chair?

children   I don't like the way you treat children.

chimney   Don't ask me to clean the chimney.

church   How dare you miss the church service?

dish   Don't forget to wash the dishes before you go out.

doctor   I wish I were a doctor.

dog   I'm too scared to approach the dog.

door   Do you know the reason why he slammed the door?

elevator   Why don't you take the elevator?

English   I remember memorizing as many English sentences as possible when I was a high school student.

eraser   Which one is your eraser?

eye   All you have to do is keep an eye on him.

farmer   You must be a farmer.

father   You should have obeyed your father while he was alive.

flower   When was the last time you gave your wife flowers as a gift?

foot   I didn't mean to step on your foot.

game   I'm ready to play the computer game.

gloves   I don't want to take off my gloves because it is too cold.
grape   It was at the grocery store that she bought three bunches of grapes.
guitar   I'm getting famous for my guitar performance in school.
hair   What happened to your hair?
handkerchief   There is a handkerchief on the table.
head   We had no choice but to laugh at the teacher's shiny bald head.
hotel   I'd rather reserve a hotel close to the beach.
ice   You are not allowed to sled on the thin ice.
ink   I feel like writing a composition on global warming in blue ink today.
iron   Can't you see I'm busy ironing the suit?
island   What if they don't get out of the island due to the storm?
jean   What kind of jeans do you like?
job   If I were you, I would quit the job and find another one.
judge   He grew up to be a judge.
juice   Let me pour the juice.
key   I know where the key is.
kite   I'm here to make a wish for the year, flying a kite.
knife   The fact is that she stabbed the tyrant with a knife.
Korea   I'm gonna show you something unique about Korea.
lake   It is dangerous to cross the lake without using a boat.
lemon   The lemon tastes sour.
letter   I spent two hours writing a letter last night.
love   I do think love is the most precious thing in the world.
magazine   What is your favorite magazine?
milk   Promise me that you will be careful when you drink milk.
mountain   What a beautiful mountain it is!
mouth   Make sure that you don't talk with your mouth full when you eat meals.
name   I am about to write my name on the application form.
newspaper   How long have you been reading the newspaper?

novelist __ I wonder if you will be a novelist.
nurse __ Is this the man who murdered the nurse brutally?
oasis __ He has little chance of finding an oasis in the middle of the desert.
office __ I'll take you to the office on my way home.
onion __ I had trouble peeling onions in the kitchen.
orange __ Could you stop eating the oranges so that all the customers can taste them?
pencil __ This is the pencil I want to buy.
people __ There are few people who can predict what will happen in the future.
picnic __ It's time to go on a picnic.
prison __ Why are you releasing the criminal from prison?
queen __ I know how elegant the queen is.
question __ I found it difficult to find a solution to the question.
rabbit __ This is the place where I will catch rabbits.
refrigerator __ Thank you for fixing the refrigerator.
room __ What do you think you are doing in my room?
rose __ I'm so happy to purchase the residence that overlooks the rose garden.
school __ You don't have to go to school.
sea __ I don't think he is afraid of rescuing the drowning child in the sea.
shoulder __ I was really surprised when someone tapped me on the shoulder.
stamp __ My duty is to go to the post office, buy stamps and put them on the envelopes.
teeth __ When did you brush your teeth?
theater __ This is the only way to evacuate from the theater in case there is a fire.
train __ The train has just arrived at the station.

tree   There is a man trying to climb a tree in the backyard.

umbrella   It will take you a few hours to get your umbrella back from the lost and found.

uncle   There is no evidence that he murdered his uncle to inherit a large fortune.

uniform   They demanded that he wear the uniform on duty.

university   I'm sure you will major in theology at the university.

vase   I don't know how to arrange flowers in the vase.

video   You are not supposed to watch the video because it has lots of violent scenes.

village   No matter what happens, I have to reach the village in time.

violin   Is that your violin you are looking for?

wall   I saw you lean against the wall and have a conversation with someone.

weekend   Let's go find something to do this weekend.

wife   How could you be so cruel to your wife?

women   You will be sued if you harass women in the company.

x-ray   You'd better have your ankle x-rayed in the hospital.

xylophone   I used to play the xylophone when I was young.

yacht   I can't keep sailing by yacht anymore because I'm too exhausted.

year   You look much more beautiful this year.

yellow   Mix red with yellow and you will get orange.

youth   She seems to have been a beauty in her youth.

zebra   Have you seen the zebra?

zero   That's why he worked late into the night even though the temperature was ten degrees below zero.

zone   I don't understand those who speed up at the school zone.

zoo   How often do you go to the zoo with your friends?

2. 내가 만드는 Keyword 문장 사전

| 단어 | 뜻 | 문장 |

| 단어 | 뜻 | 문장 |

| 단어 | 뜻 | 문장 |

| 단어 | 뜻 | 문장 |

| 단어 | 뜻 | 문장 |

단어	뜻	문장